Gottfried Kinkel

Euripides und die bildende Kunst

Ein Beitrage zur griechischen Literatur- und Kunstgeschichte

Gottfried Kinkel

Euripides und die bildende Kunst
Ein Beitrage zur griechischen Literatur- und Kunstgeschichte

ISBN/EAN: 9783743640573

Hergestellt in Europa, USA, Kanada, Australien, Japan

Cover: Foto ©Thomas Meinert / pixelio.de

Weitere Bücher finden Sie auf **www.hansebooks.com**

ABHANDLUNGEN

ZUR

GRAMMATIK, LEXIKOGRAPHIE
UND LITTERATUR

DER ALTEN SPRACHEN.

ZWEITES HEFT.
EURIPIDES UND DIE BILDENDE KUNST

VON

Dr. GOTTFRIED KINKEL.

BERLIN.
H. EBELING & C. PLAHN.
1871.

EURIPIDES

UND DIE BILDENDE KUNST.

EIN BEITRAG

ZUR

GRIECHISCHEN LITTERATUR- UND KUNSTGESCHICHTE

VON

Dr. GOTTFRIED KINKEL,

DOCENTEN DER PHILOLOGIE UND ARCHÄOLOGIE AN DER UNIVERSITÄT ZÜRICH.

—

BERLIN.

H. EBELING & C. PLAHN.

1871.

MEINEN GELIEBTEN ELTERN

GOTTFRIED UND MINNA KINKEL

GEWIDMET.

Vorwort.

In der vorliegenden Schrift habe ich den Versuch gemacht, das ganze Wirken des Euripides, soweit dasselbe sich in seinen uns erhaltenen Schriften ausprägt, von einem bisher noch nicht eingenommenen Standpunkte zu beleuchten.

Die fortwährende Lectüre dieses meines Lieblingsdichters belehrte mich bald, dass sein Streben weit universeller war, als man gewöhnlich annimmt. Seine politischen und religiösen Ansichten sind mehr als einmal in eingehender Weise behandelt worden; weniger bekannt ist das Verhältnis des Dichters zu der während seines langen Lebens fortschreitenden Culturentwickelung seines Volks. Und doch kann nur durch die richtige Auffassung dieses Verhältnisses seine dichterische Eigenthümlichkeit, sowie seine ungeheure Popularität bei Mit- und Nachwelt begriffen werden.

Ausserdem soll meine Schrift den Nachweis liefern, welchen Einfluss die euripideischen Dichtungen auf die griechischen Künstler ausgeübt haben; wodurch die ganze Vielseitigkeit des grossen Dichters erkannt wird.

Ich habe mich durchweg der grösstmöglichen Kürze befleissigt, indem ich der Meinung bin, dass da wo die Wahrheit nur versteckt ist, ihre Aufdeckung ohne allzugrossen Aufwand von Worten möglich ist. Auch kommt es mir viel mehr auf die Gesammtanschauung des Wesens des Dichters, als auf massenhafte Aufzählung von Einzelheiten an.

Ich benutze diesen Anlass, um meinen ehemaligen Lehrern, den Professoren Köchly, Oncken und Stark für die fruchtbaren Anregungen zu danken, die mir durch ihre beredte Darstellung der Herrlichkeit des perikleischen Zeitalters in Staat, Politik, Litteratur und Kunst zu Theil geworden sind.

Zürich, den 27. August 1871.

Der Verfasser.

I.

Jede bedeutende in sich abgeschlossene Culturepoche eines Volkes erzeugt einen grossen Dichter, dessen Werke alle um ihn wirkenden geistigen Kräfte und Bestrebungen abspiegeln, der alle Lichtstrahlen des Volksgeistes wie in einem Brennpunkt zusammenfasst und dadurch unwillkührlich zum Ausdruck aller in seiner Umgebung laut werdenden Stimmungen und Gefühle wird. Was Shakespeare für das Zeitalter der jungfräulichen Königin, was Dante für die Geistestiefe des italienischen Mittelalters, was Schiller für die Sturm- und Drangperiode unserer Litteratur ist, — das ist Euripides für das perikleische Zeitalter.

Um diese Bedeutung des dritten grossen Tragikers allseitig zu würdigen, wird man sich an der Hand einer streng historischen Betrachtung klar machen müssen, woher die Grundelemente stammen, aus denen sich das schöne Ganze, welches wir das perikleische Zeitalter nennen, zusammensetzt.

Ohne Frage steht hier der alle Begriffe der Neuzeit übersteigende Kunst- und Schönheitssinn des attischen Volkes im Vordergrund. Derselbe unterscheidet sich von manchen analogen Erscheinungen bei modernen Völkern hauptsächlich dadurch, dass er die Erzeugnisse der Litteratur und der bildenden Kunst mit gleicher Liebe umfasst. Das Gewand, in welchem das Schöne auftritt, ist gleichgültig; wo es nur erscheint, sei es auf den Brettern, auf der Rednerbühne, an einem Tempel, überall ist es willkommen und wird es begriffen. Diese hohe Stufe ist natürlich nicht ohne das Betreten mehrerer Vorstufen erreicht worden. — Indem wir die Entwickelung des Volksgeistes auf diesem Gebiete verfolgen, sind wir durch die Natur des Gegenstandes in den Stand gesetzt, gleichzeitig die politischen Momente zu würdigen, die so sehr zur Verstärkung oder Abschwächung des nationalen Kunstsinnes und Kunstgefühls beitragen[1]).

Die Geschichte der nationalen Cultur des griechischen, insbesondere des attischen Volkes bis gegen die Mitte des fünften Jahrhunderts v. Chr. kann als ein fortwährender, von der bildenden Kunst unterhaltener Kampf um Gleichberechtigung mit der Litteratur aufgefasst werden: und hier sind die grössten Anstrengungen der griechischen Künstler zu verzeichnen. — Die poetische Nationallitteratur ist von vornherein sehr im Vortheil. Schon um 700 steht die epische Poesie in allen wesentlichen Punkten vollendet und abgeschlossen da; sie hat Werke geschaffen, in denen die nationale Mythologie im weitesten Umfange aus- und durchgebildet ist. Dabei geht die Litteratur als Erziehungsmittel der bildenden Kunst stets vor. Schon die leichtere Verwendbarkeit für den Jugendunterricht verschafft ihr bedeutende Vortheile. Jugendeindrücke haften; und so war in der vorperikleischen Zeit die Beschäftigung mit der nationalen Litteratur die einzige Grundlage der gereiften Männern offenstehenden geistigen Bildung. Dazu kommt die Unsicherheit der öffentlichen Zustände in Griechenland. Eine Unordnung, wie sie damals bestand, kann der Verbreitung der episch-heroischen Poesie nicht erheblich schaden, ja sie kann ihr zuweilen sehr nützen: dagegen lässt sie das ruhige Sich-Versenken in die Werke der bildenden Kunst nimmermehr zu. Und nun die thatsächlichen Hilfsmittel, welche der Litteratur bei der Volkserziehung zu Gebote standen! — Es sind die Werke Homers, Hesiods und der Cycliker, welche, unmittelbar auf das Volksleben gebaut, hier die erste, ja einzige Stelle einnehmen. Welch eine Macht war diese epische Poesie! Mit diesem Gehalt und dieser Formvollendung der litterarischen Erzeugnisse können die bisherigen Leistungen der bildenden Kunst durchaus nicht wetteifern. Die Kunst ist noch durch zu viele Fesseln gebunden, ihre Aufgaben sind noch zu beschränkt, indem gerade die Plastik von der Anfertigung von Cultusbildern übermässig in Anspruch genommen ist. Damit ist aber kein nachhaltiger Einfluss auf die ästhetische Bildung des Volkes zu gewinnen; das religiöse Element überwiegt zu sehr. — Wo die Erzählung der Thaten und Abenteuer der alten Helden im breiten Strome der epischen Dichtung dahinfliesst, hinterlässt dieselbe einen so überwältigenden Eindruck, dass es selbst einer ausgebildeten

Kunst schwer fallen muss, die verwendbaren Motive einer solchen Poesie würdig im Bilde darzustellen und dadurch die allgemeine Aufmerksamkeit zu erregen. Die älteren Vasengemälde, deren Gegenstände so häufig der epischen Poesie entlehnt sind, haben durchaus eine blos decorative Bedeutung. Also auch hier eine Bevorzugung des Buchstabens.

Anders verhält es sich mit der Lyrik, der es nicht gelingen will, sich einen organischen Platz in der Volksbildung zu erringen. Als Kunstproduct hat sie weniger selbständige Bedeutung; sie tritt häufig in ein Verhältnis zur Musik, zur Orchestik und mit beiden zum Gottesdienst; auch dient sie mit besonderer Vorliebe den Privatzwecken grosser aristokratischer Gastgeber und ist überhaupt mehr das Erzeugnis einzelner bevorzugter Stämme. In dem bürgerlichen Attika tritt sie vollends zurück, und so bleiben die grossen Epen der Vorzeit das tägliche Brod des attischen Knaben und Jünglings. Einen mächtigen Anstoss erhält sodann das Stadium des Epos durch die auf Pisistratos' Veranstaltung vorgenommene Sammlung und definitive Redaction der homerischen Gedichte. Beachtenswerth ist, dass diese Wiederherstellung von Attika ausgeht. Der Einfluss des Epos auf die Schule wurde dadurch womöglich noch verstärkt. Durch diese Vertiefung in die Erzeugnisse einer Dichtungsgattung war die Bildung des attischen Volks auf eine sehr fruchtbare Bahn gelenkt.

Durch Thespis vorbereitet, folgt nun gegen Ende des sechsten Jahrhunderts die Zeit der attischen Tragödie. Als der Vater derselben, Aeschylos, auftrat, ging die epische Poesie bereits dem Verfalle entgegen; sie hatte die dankbarsten Stoffe erschöpft und verw]ank oft in blosse trockene Genealogie. Gegenüber den leuchtenden Vorbildern der Ilias, Odyssee, Thebais und Kyprien hatte sich eine Epigonenpoesie entwickelt. Der ungeheuere Fortschritt, welchen das Drama bezeichnete, wurde blitzschnell erkannt, und dramatische Aufführungen bürgerten sich bald in Athen ein. Dennoch beruht der volle Eindruck der gewaltigen Schöpfungen des Aeschylos nicht so sehr auf der Neuheit der Kunstform, als vielmehr auf der tiefsinnigen Auffassung der alten Mythologie, welche zum letzten Mal in ihrem ganzen Umfange und mit ihrer ganzen Gewalt zur Darstellung gelangt. Die überraschende Gegenwart einer vollständig entschwundenen Götterwelt und der Kampf der Titanen mit dem jüngeren Göttergeschlechte werden hier dramatische Kunstmittel. Mächtige Ideen der Vorzeit ringen um ihre Existenz, die Bekenner eines unmenschlichen Glaubens treten auf, die Töne der Leidenschaft und des Schmerzes erklingen, und das ganze bewegte Leben einer ungebändigten Menschheit entrollt sich vor uns. Das Bewunderns-würdigste an dieser Tragödie ist, dass trotz des Vorherrschens die-ser nebelhaften Gestalten der Vorzeit die innere Form, anstatt zer-sprengt zu werden, sich fortwährend weiter entwickelt und ver-feinert. Darin liegt das Geheimnis, warum Aeschylos trotz seiner eigentümlichen Auffassung des Dramas so lange einen massgeben-den Einfluss auf das athenische Publicum behielt. Nach den Perser-kriegen und dem Anbruch einer neuen Zeit entwickelte sich Mishelligkeiten zwischen ihm und seiner Zuhörerschaft; aber bis dahin war er der eigentlich populäre Dramatiker der Zeit. Gegen-über diesem fast allmächtigen Einfluss des äschyleischen Dramas war die bildende Kunst in grossem Nachtheil. •

Die Blütezeit dieses Dramas ist noch keine volle Blütezeit der bildenden Kunst, und noch viel weniger eine Periode, in der Kunst und Leben sich gegenseitig durchdringen; es ist eine Sturm- und Drangperiode. Am Klarsten gibt sich dieses in der bildenden Kunst kund. Obgleich dieselbe sich häufig mit der Dichtkunst be-rührt, so steht sie doch der letzteren an innerem Gehalt um ein Bedeutendes nach. — Architektur und Plastik, besonders die letz-tere, kämpfen sich mit der grössten Anstrengung zu freieren Formen durch; überall trifft man auf Ansätze, selten auf systematisches künstlerisches Schaffen. Auf dem Gebiete der Malerei ist z. B. die Zeit der archaischen Vasen, der incorrecten, unschönen und eckigen Formen noch nicht vorbei; sie dauert sogar länger als man erwar-ten würde. — Die Freude am Speciellen, Absonderlichen, das mehr auf sich als auf den eigentlichen Zweck des Kunstwerks Rücksicht nimmt, ist jener Vertiefung in das Allgemeine, jenem Streben nach der Erkenntnis der höchsten Gesetze der Kunst wie des Lebens, welches eine vollständig objective Zeit charakterisirt, noch nicht gewichen. Auch sind die Gegenstände, deren sich die Plastik zur Darstellung bedient, im Vergleich zu denen der höchsten Kunstblüte allzu einseitig ausgewählt. Eine übermässige Verwendung von Scenen und Motiven aus dem trojanischen Krieg fällt auf[1]. Auch von denjenigen Künstlern, die einen offenbaren Fortschritt ver-rathen, wie Polygnot[2], wird die Malerei mehr als Illustration zur Mythologie denn als selbstständige Kunst aufgefasst. Stoff und Form entsprechen einander. Sogar die häufiger wiederholten Dar-stellungen sind mit nur mässigem künstlerischem Verständnis be-

handelt. — Die Zeit ist sehr ehrenwerth in ihrem unablässigen Be-streben, der Kunst eine höhere Stellung im Leben zu erobern; doch die höchste Stufe der künstlerischen Thätigkeit, das Erfassen des Kunstschönen, hat sie noch nicht erreicht. Mit dem klarsten Bewusstsein haben gewiss diese Künstler geschaffen; aber selbst der edelsten Natur ist es versagt, in einer Uebergangsperiode, die von den Schranken der alten leitenden Kunstgedanken zur milden Herrschaft der Idee hinüberführt, ganz frei zu wirken. Ihre höchste Aufgabe besteht darin, die Zukunft vorzubereiten. Und das ist im vollsten Masse geschehen. Ohne die Giebelgruppen von Aegina und den Metopenfries des Theseustempels keine parthenonischen Bildwerke.

Was war nun die Wirkung jener mehr oder weniger alterthüm-lichen Kunst? Unstreitig die Veredelung der damaligen Generation. Da sie als ein mit der Litteratur gleichberechtigtes Bildungsmittel noch nicht anerkannt war, und somit neben der tragischen Poesie eine sehr untergeordnete Rolle spielte, war sie gezwungen, mehr im Stillen zu wirken; dennoch besitzt sie ein bedeutendes positives Verdienst um die Hebung des Volkscharacters. Für den bildenden Künstler jener Zeit konnte es keine dankbarere Aufgabe geben, als die kräftigen, mitunter etwas derben Freiheitskämpfer, die Mara-thonomachen und Beförderer des ionischen Aufstandes, durch die Schöpfung einer nationalen Kunst im Frieden zu beschäftigen und anzuregen. Jene einfachen attischen Bürger, die in der ersten gros-sen nationalen Schlacht ihren Theseus, ihren Herakles, ihren Eche-tlos feststehen zu haben vermeinten, mussten durch die Darstel-lung der Thaten dieser Heroen, sowie durch die gelegentliche[3] Ver-herrlichung ihrer eigenen kriegerischen Leistungen auf der Bühne und mittelst des Pinsels höchlich befriedigt werden. Der Segen einer nationalen Kunst ist auch hier offenbar — sie muss in einem nicht gänzlich verkommenen Geschlechte den Kunstsinn wecken. Wir befinden uns hier bereits auf dem Gebiete der Wechselwir-kung zwischen Künstler und Publikum, die sobald sie eine Macht zu werden beginnt, die reissendsten Fortschritte auf allen Gebieten geistigen Schaffens im Gefolge hat[4], und so trennen uns nur wenige Jahrzehnte von den höchsten Leistungen eines Phidias.

Noch klarer ist die harmonische Weiterentwickelung der dra-matischen Kunstform[5]. Indem wir das zweite Viertel des fünften Jahrhunderts durchgehen, begegnen wir der reifen Manneskraft des zweiten tragischen Sterns, des Sophokles. Im Begin dieser Pe-riode werden die letzten Spuren der der Tragödie noch anhaftenden altertümlichen Behandlung und Auffassung durch den endgültigen Sieg dieses Dichters über den älteren Aeschylos abgestreift und es beginnt für die dramatische Kunst ein ganz neues Leben. Das Wesen und die Vorzüge dieser sophokleischen Tragödie sind allbekannt. Sophokles entkleidet die Tragödie der titanischen Gestalten und führt uns an deren Stelle menschlich-edle Charactere vor. Grössere Ruhe, strengeres Mass und objectivere Haltung verbunden mit einer edlen, würdevollen Sprache walten in seinen Dichtungen. Dabei ist der Zusammenhang des Dichters mit seiner Zeit ein engerer. Seine Heroengestalten fesseln nicht mehr, wie bei Aeschylos, hauptsächlich durch die blosse Gewalt ihrer Erscheinung, sondern gewinnen auch ein menschliches Interesse durch den Hauch der Freiheit, welcher ihre Handlungen und Reden durchzieht. Auch in der Schöpfung von Frauengestalten ist Sophokles glücklicher. Wir wissen, welch einen Eindruck die von den Ideen republikanischer Freiheit durchtränkte Antigone auf die Athener machte und wie dankbar diese dem Dichter für diese spontane Aeusserung seiner Gesinnung waren. Doch zu der vollen Verwerthung der lebendigen Gegenwart für die dramatische Kunst ist Sophokles nicht durchgedrungen. Sein ganzes Leben hindurch ist dieser Dichter seiner Aufgabe treu geblieben, die er in dem Einhalten einer rechten Mitte zwischen der äschyleischen und der euripideischen Auffassung erkannte. So viel Sophokles auch von seinem jüngeren Nebenbuhler im Einzelnen gelernt und angenommen hat[1]), so streng hielt er doch im Ganzen dasjenige fest, was er als die eigentliche Aufgabe des Dramas betrachtete — nämlich die Läuterung des Volksgeschmacks durch die Zeichnung idealer, dem verwirrenden Treiben der Gegenwart entrückter Heroengestalten. Aber die dramatische Kraft des Sophokles und die Hoheit seiner Gesinnung und seines Ausdrucks wirkten so stark, dass er auf die Dauer nicht verdrängt werden konnte. Aber ebensowenig konnte er allein die Bühne beherrschen. Denn der Gang der Culturentwickelung des Volks entsprach nicht mehr diesem von Sophokles vertretenen Princip der Festhaltens an den typisch gewordenen Idealgestalten des Dramas, und so wendet sich die Gunst des Publikums einem noch zeitgemässeren und universelleren Geiste zu.

Diese Thatsache erklärt sich aus dem gegen die Mitte des Jahrhunderts eingetretenen Aufschwunge der nationalen Cultur. Nach den Perserkriegen und der Begründung des delischen Bundes geht der Fortschritt auf allen Gebieten des öffentlichen Lebens so rei-

send schnell vor sich, dass die Gesammtheit immer von den grossen Aufgaben des Staates in der Gegenwart ergriffen wird. Jeder drängt sich hinzu, um dem Staate zu dienen. Derselbe edle Wetteifer, welcher so viel zu den Siegen bei Marathon und Salamis beitrug, wirkt auch auf andern Gebieten und erweist sich als der kräftigste Hebel des Volkswohlstandes. Parallel mit diesem Zuwachs an staatlicher Macht und Grösse und der Theilnahme des Volkes an den politischen Geschäften lief die Entwickelung der nationalen Cultur. Es machte sich das Bedürfnis einer allseitigeren Durchbildung des Geistes geltend. Schon die weittragenden Handelsverbindungen mit fremden Ländern machten eine solche Erweiterung des geistigen Blickes wünschenswerth. Die nunmehr sich immer freier gestaltende bildende Kunst kam diesem Bedürfnis zu Hilfe; und in ihr wird jetzt der Schlussstein der ästhetischen Volksbildung erkannt. Waren schon früher von athenischen Staatslenkern Künstler nach Athen berufen worden, um der emporblühenden Stadt den Schmuck der bildenden Kunst zu verleihen; so ist doch Perikles der Erste gewesen, welcher die tiefere Bedeutung der Kunst für das Leben klar begriffen hat. Auch die Genies, deren man bedurfte um die Kunst auf diese Weise zu heben und nutzbar zu machen, fehlten nicht. Sein persönliches Verhältnis zu Phidias sichert Perikles die Mitwirkung von Künstlern, deren Ideen mit den seinigen vollständig übereinströmen. Er macht daher dem Volke den Vorschlag, die überflüssigen Staatsgelder zur Errichtung und Ausschmückung grosser Bauten zu verwenden. Die Idee findet begeisterte Zustimmung, und so wird die Akropolis mit den herrlichsten Werken der Architektur und Plastik bedeckt. Das ist die Frucht der unablässigen Culturarbeit der letzten Jahrhunderte. Kein Streben nach blossem Prunk lag in der Herstellung dieser Bauten und Bildwerke: nein, ihr künstlerischer Gehalt sollte allseitig genossen und verwerthet, der Schönheitssinn des Volkes gebildet werden. Diesen Maasregeln des Perikles war ein ungeheurer Erfolg beschieden. Indem die nationale Kunst in die Reihe der edleren Bildungsmittel eintritt, wird eine noch nicht dagewesene Universalität der Bildung erzielt: Poesie und Kunst halten sich die Wage. Die gewaltige Kluft, die im Bewusstsein der modernen Völker die bildenden von den redenden Künsten trennt, war dem perikleischen Zeitalter vollständig unbekannt. Es geniesst in edler Ruhe alles Schöne seiner Umgebung und verwerthet dasselbe zur harmonischen Durchbildung des inneren Menschen.

Aber die neue Richtung hat noch einen weiteren Vorzug. Indem das Volk selbst an den Beschlüssen theilnimmt, welche Bildungsanstalten und grossartige Tempelbauten aus dem Boden stampfen, ist es ihm verstattet, diese Errungenschaften als mit durch sein Verdienst herbeigeführt zu betrachten; es lernt sich als Unternehmer fühlen. Dazu kommt ein nicht minder wichtiger Punkt. Wie Athen sich vor den Augen seiner Bewohner nicht blos verjüngt, sondern gleichsam neu entsteht, wird diesen eine Freude zu Theil, wie sie bei unserer im schärfsten Gegensatz zum Vandalismus des aufstrebenden anderer Stile von einer modernen Stadtbevölkerung niemals empfunden werden kann.

Ein Dramatiker, welcher ein so geartetes Publikum vorfand, musste, anstatt sich in ausgefahrenen Geleisen zu bewegen, neue Bahnen einschlagen; denn die dramatische Poesie, welche in der vorhergehenden Epoche die Last der edleren ästhetischen Volkserziehung fast ausschliesslich getragen hatte, wird gegen die Mitte des fünften Jahrhunderts immer mehr von der bildenden Kunst abgelöst, indem beide sich wie Schwestern in die schöne Arbeit theilen. Wollte Euripides auf ein solches Publikum wirken, so musste er mit demselben rechnen. Die Bildung des Volkes, welche nunmehr so allseitig wie möglich wurde, war ein gewaltiger Fortschritt gegenüber der äschyleischen Periode, und die Veränderungen, welche Euripides mit der Tragödie vornahm, waren nur diesem Fortschritt in der Bildung des Volkes angepasst. Sie waren sogar durch denselben bedingt. Es war dringend nöthig, ein neues Element in die dramatische Poesie zu bringen. Bisher hatte das Drama eine Hauptaufgabe zu erfüllen gehabt, die der ganzen älteren griechischen Dichtung eignet, und welche das Drama im natürlichen Verlaufe der Dinge von Epos und Lyrik übernahm. Diese bestand in der Läuterung der religiösen Begriffe und Anschauungen des Volks durch die Entwickelung der Götter- und Heroenlehre in ästhetisch-menschlichem Sinne. Homer, die Cycliker, die grossen Lyriker, darunter hauptsächlich Pindar*), haben diese Verwerthung des ästhetischen Gehalts der griechischen Mythen mit Bewusstsein verfolgt, und von den Tragikern hat besonders Sophokles auf diesem Gebiete Grossartiges geleistet. Aber noch während der Zeit des schönsten Wirkens dieses Dichters wird es der griechischen Tragödie unmöglich gemacht, diese Aufgabe für sich allein zu behalten, indem ein anderes Culturelement ihr ebenbürtig zur Seite tritt. Es ist dieses die bildende

Kunst. Diese ist nach Ueberwindung der rohen Cultusbilder und der vielen unschönen Formen auf einer noch nicht dagewesenen Höhe angelangt. Zugleich hat sie ihre künstlerische Selbständigkeit erobert; zu den andern Künsten und zur Religion steht sie nicht mehr in einem Dienstverhältnis. Sie ist daher recht dazu geeignet, die Vergeistigung der griechischen Mythologie mit zu übernehmen, und diese Aufgabe hat sie in der That mit überraschendem Erfolge gelöst. Durch den geistigen Ausdruck, welchen ihre Gestalten durch den Hauch eines Phidias und eines Alkamenes gewinnen, erlangt sie einen unaussprechlichen Einfluss auf die tiefen ästhetisch-religiösen Gefühle des Volks. Wer könnte die Denkmäler des perikleischen Zeitalters ansehen und diese Wahrheit verkennen? Je mehr also die dramatische Kunst ihrer bisherigen Hauptzwecke entkleidet wird, desto freier kann sie sich andern Zwecken und Zielen zuwenden. Um nicht zu stagniren, muss-sie es sogar.

Welcher Art können nun die Zwecke sein, welche der dramatischen Kunst den Verlust der früheren ersetzen? Da eine Aenderung in der Richtung des Dramas sich gerade in dem Augenblicke als nöthig erweist, wo die fliegende Begeisterung für die Herrlichkeit der Gegenwart zur zuckenden Ader des Volkslebens geworden ist, kann dem neuen Drama nur einer Aufgabe genügen: die Rücksicht auf die eigene Zeit und Culturepoche. Und diese Aufgabe hat Euripides zu der seinigen gemacht. Anerkanntermassen hat dieser Dichter das wirkliche Leben der Gegenwart in Freud und Leid, in Lust und Leidenschaft in bedeutendem Umfange in die Tragödie eingeführt. Das ganze rauschende Leben seiner Zeit bringt er in seinen Dramen zur Darstellung. Alle Verhältnisse des grossen Staats sind dort vertreten, alle Fragen der Zeit kommen bei geeigneten Gelegenheiten zur Besprechung. Mit dem freudigen Stolze, der jedem echten Athener innewohnte, hat er sein Vaterland mit allen seinen Vorzügen und Nachtheilen heiss geliebt. Als Freund des Sokrates und anderer strenger Philosophen mag er manche sittliche Schwäche seiner Zeit mit Missbilligung betrachtet haben; ja sehr häufig sagt er seinem Publikum in sehr deutlicher Weise seine Meinung, aber trotz alledem überwiegt die reinste und rührendste Hingabe an Athen. Wie so viele seiner Dramen die Verherrlichung des attischen Wesens zur Unterlage haben, so begrüssen wir in andern, meist in begeisterten Chorgesängen die Empfindungen, in welchen dieses glückliche Volk schwelgte; die Naturschönheiten Griechenlands, das reiche Leben, der Reiz des ägäischen

Meeres, die naive Freude am Seefahren treten uns unverhüllt entgegen. Und doch finden wir bei Euripides keine Spur von Selbstgefälligkeit oder von der Sucht, durch das Lob des Bestehenden sein Volk in Ruhe und Trägheit einzuwiegen. Euripides war durchaus ein Mann des Fortschritts: er erkannte die verderblichen Folgen der Stellung des Weibes und der Sklaven in den griechischen Staaten; er hat zum ersten Male gewisse unterdrückte Classen der Gesellschaft zu Worte kommen lassen; aber trotzdem fasst er auf der Gegenwart, indem er durch sie die Zukunft vorzubereiten sucht. Ein anderes Ureigne bestärkte ihn in seinem Wunsch, die socialen Unebenheiten verschwinden zu lassen; und dies sind seine politischen Ansichten. Mit Begeisterung äussert dieser demokratische Geist die Liebe, welche er für die Freiheit und die Republik empfindet. Dieser seine Dramen umkleidende Schmuck stellt ihn seinem Volke so nahe als möglich. Und nun der Schlussstein zu dem Aufbau dieses neuen Dramas! Es ist die Rücksichtnahme auf die letzte und schönste Errungenschaft des attischen Lebens, die bildende Kunst nämlich. Nachdem diese sich im Bewusstsein der Zeit die volle Gleichberechtigung mit den andern Künsten erobert hat, thut Euripides den letzten Schritt, indem er derselben eine Stellung in der Tragödie anweist. Die hohe Bedeutung der Kunst für die Zeitgenossen und ihr Antheil an der Verschönerung des Lebens sind die Motive, die Euripides dazu bestimmen, sie auf eine feine und sinnige Weise auf der Bühne vertreten sein zu lassen. Denn wird einmal die ideale Reproduction der Gegenwart im Drama versucht, so kann diejenige Element nicht fehlen, welches der Culturepoche den Stempel der Vollendung aufdrückt. Ohne den reichen Stoff zu erschöpfen, sei es mir vergönt anzudeuten, warum Euripides in so ausserordentlichem Grade befähigt war, diese weitere Neuerung durchzuführen.

II.

Euripides war in seiner Jugend, ehe er sich der Dichtkunst widmete, bildender Künstler; er trieb Malerei, und nicht ohne Erfolg, da noch in späterer Zeit Tafelgemälde von seiner Hand in Megara gezeigt wurden. Von den beiden selbstständigen Lebensbeschreibungen des Dichters theilt die — bedeutend kürzere — zweite die Thatsache, dass er Maler gewesen, ohne weiteren Zusatz mit, während die erstere noch die Bilder in Megara mit hineinzieht[*]. Aus diesen Mittheilungen geht zunächst hervor, dass der junge Euripides von einem unwiderstehlichen inneren Drange zur Kunst hingezogen wurde; im Glauben, dass die bildende Kunst sein Lebensberuf sei, warf er sich zunächst auf die Malerei und schuf die Bilder, die man später noch als Proben seiner jugendlichen Fertigkeit zu zeigen pflegte. Wie so viele Andere[*], die zuerst einen falschen Weg einschlagen und erst allmählig inne werden, dass ihre Individualität nur auf einem bestimmten, von der bisherigen Lebensrichtung mehr oder weniger entfernten Gebiete zur vollen Entfaltung kommen könne, muss auch er bald gefühlt haben, dass nur die Dichtkunst im Stande sei, ihn auf die Dauer zu befriedigen. Und so ging er von der Malerei zuerst zum Studium der Philosophie (unter Anaxagoras und Prodikos) und sodann bald zur tragischen Poesie über.

Es erhellt auf den ersten Blick, wie sehr diese Jugendbeschäftigungen auf die dichterische Thätigkeit des gereiften Mannes einwirken mussten. Vor allen Dingen wurde er daran gewöhnt, die ihm entgegentretenden Personen, Gruppen und Scenen, die er für

seine Heroengestalten, sowie den ganzen Aufbau seiner Dramen
verwerthete, mit dem Auge des Künstlers zu betrachten, mit
jenem Blicke, der wie im Fluge das Wesentliche von dem Zufälli-
gen sondert und durch das ihm eigene Gruppirungsvermögen selbst
die verworrensten Situationen zu übersehen und zu beleben weiss.
Dadurch wurde das, was Andern todt erschien, für ihn beseelt; was
von Andern nur halb gefühlt wurde, erkannte er klar und bestimmt.
Sodann erleichterte ihm diese künstlerische Vorbildung die Auswahl
und Behandlung derjenigen Mythen, die er — hauptsächlich um
des dramatischen Effects willen — zum ersten Mal für die Bühne
verwerthete. Ich erinnere hier nur an Medea und Andromeda. —
Dass er sich gerade der Malerei gewidmet hatte, war für ihn von
entscheidender Bedeutung, denn obgleich er auch der Architektur
und der Plastik viel Aufmerksamkeit zugewandt hat, so war doch
nur die Handhabung des Pinsels im Stande, ihm jene unerreichbare
Universalität zu verleihen, die wir an ihm bewundern.

Diese Universalität äussert sich vornehmlich in dem vollen Verständnis für die Herrlichkeit der Gegenwart. Der Umstand, dass
er selbst einmal schaffender Künstler gewesen, musste ihm von
vornherein Liebe zur bildenden Kunst, sowie die grösste Empfäng-
lichkeit für die rasch um ihn herum entstehenden Bauten und Bildwerke der perikleischen Kunstepoche einflössen. Alles wirkte hier
zusammen, um seinem Geiste jene Richtung zu geben, die er später
so consequent verfolgte. Schon der blosse Zeitpunkt seiner Geburt
war hier entscheidend. Als der Parthenon vollendet war, zählte
Sophokles 58 Jahre, Euripides 42. Diese blosse Gegenüberstellung
erklärt erstens, wie unmöglich es Sophokles sein musste, der so bedeutend veränderten Umgebung seines Publikums irgend welchen
Einfluss auf seine Dichtungen zu verstatten, und zweitens, warum
Euripides, und nicht Sophokles, als der eigentliche Repräsentant
des Fühlens und Denkens der Athener im perikleischen Zeitalter
gelten muss[11]).

Die grosse Verschiedenheit dieser Dichter ergibt sich am Klarsten aus der Betrachtung der Art und Weise, wie jeder von beiden sich zu seiner unmittelbaren Umgebung stellt. In
einem Punkt trifft man hier allerdings auf verwandte Gefühle.
Beide sind von der reinsten Liebe zu Athen erfüllt und schildern
in überraschend schönen Versen die landschaftlichen Reize Attika's.
Für Sophokles fällt hier der berühmte Chor in dem Oedipus auf
Kolonos am Schwersten in's Gewicht[12]), für Euripides ausser einigen

zerstreuten Stellen, wie Phoen. 801 f. und Fr. 971 der ebenfalls oft
angeführte Chor in der Medea (824 ff.):

Erechtheus' Söhne, beglückt von Alters her,
Ihr, die Kinder seliger Götter, im Land,
Dem heilig unverwüstbaren, wo ihr am Born
Herrlicher Weisheit trankt, und stets in dem heitersten Licht
Des Aethers sanft hinwandelt, wo die geweihten
Neun Pieriden, die Musen, wie sie sagen,
Einst Harmonia trug im Schoosse;
Wo Kypris von des Kephissos rauschender
Welle schöpft' (erzählt man), und über das Land
Hinwehen liess mildathmenden, säuselnden Hauch
Leisverführender Lüfte, dann in die Locken sich stets
Einwand die lieblichathmenden Rosengewinde,
Und die Genpiden der Weisheit sandt', Eroten,
Mannigfaltiger Tugend Helfer!

(Donner.)

Aber während bei Sophokles das landschaftliche Interesse überwiegt, springt Euripides sehr bald von der reinen Localschilderung
ab, um der angeblich der heimischen Erde und der Einwirkung der
Götter entsprossenen geistigen Vorzüge der Bewohner Attika's zu
gedenken[13]). So sind auch blosse zum Lobe der griechischen Landschaft[14]), z. B. des Peloponnesos[15]) und des ägäischen Meeres[16]) ein-
gefügte Localbeschreibungen bei Euripides verhältnismässig selten.
Allerdings zeichnen sich einige durch eine wunderbare Feinheit der
Empfindung aus; doch ersieht man aus der ganzen Umgebung dieser Stücke, dass Euripides der genauen Beschreibung der Landschaft
das Reflectiren darüber bei weitem vorzieht. So ist auch von ihm
die Vergleichung zwischen der Natur und dem sittlichen Leben des
Menschen zuerst ausgebildet worden[16]). In Folge dieser Geistesrichtung ist es auch weniger die unmittelbare Umgebung der Vaterstadt, als die Totalität des athenischen Lebens, die ihn mit unwider-
stehlicher Gewalt erfasst und ihm den Schwung der Begeisterung
verleiht. Da die politische Seite dieses Lebens dem Zweck meiner
Schrift fern liegt, will ich hier nur im Vorbeigehen auf die von
den Grundsätzen der athenischen Demokratie erfüllten Hiketiden,
sowie auf einige Stellen im Ion und in den Bacchen hinweisen,
die der sichtlichen Freude des Dichters über den delischen Bund,
sowie über die Colonien in Kleinasien Worte leihen sollen[18]).

Aber alles dieses wird von dem unbegrenzten, fast kindlichen
Stolze überstrahlt, den der Dichter an den Tag legt, sobald es sich

um den Kunstschmuck der Stadt im Allgemeinen oder ein hervorragendes Denkmal Athens im Besonderen handelt. Er versäumt keine sich ihm darbietende Gelegenheit, diese Kunstwerke herbeizuziehen; ja, die allgemeinsten Epitheta, jede Hinweisung auf die „heilige", „glückselige", „berühmte" Stadt[1]), — alles bezieht sich indirect auf die gewaltigen und doch so einfachen Mittel, die in Athen angewendet wurden, um das Leben zu verschönern. Ganz abgesehen von dem jedem Tragiker zugestandenen Recht, durch solche gelegentliche Anspielungen auf ein empfängliches Publikum zu wirken, entsprechen diese Huldigungen auch dem thatsächlichen Verhältniss zwischen Athen und den Bewohnern des übrigen Griechenlands. Seit der Vollendung des Parthenon wuchs der Ruhm der Stadt so schnell, dass sich zahllose Fremde und Reisende von den Inseln nach Attika begaben, um die bewunderten Werke eines Phidias, eines Alkamenes, eines Agorakritos in Augenschein zu nehmen[2]).

Wenden wir uns nun zu den Quellen selbst, den Werken des Dichters. In Folge des ausserordentlich günstigen Geschicks, welches über den Dramen des dritten Tragikers gewaltet hat, ist unsere Ausbeute ungemein reich. Dazu kommt noch ein wichtiger Umstand. Das früheste der uns erhaltenen Stücke, die Alkestis, wurde 438, das späteste, die Iphigenia in Aulis — wie die Bacchen —, erst nach dem Tode des Dichters (406) aufgeführt. Somit fallen die vollständig erhaltenen Dramen in die Zeit nach der Vollendung des Parthenon, d. h. gehören der durch diesen Bau so bedeutsam beeinflussten Culturepoche an. Sie sind daher gleichzeitige Zeugen, die in erster Linie gehört werden müssen. Was die zum Theil nicht unbeträchtlichen Fragmente anbelangt, so gestatten zwar die Stücke, zu denen sie gehören, sehr häufig keine genaue Bestimmung der Abfassungszeit; indessen ist die daraus resultirende Unbequemlichkeit darum weniger empfindlich, weil fast alle hieher gehörenden Stellen über Kunst und Kunstwerke sich auf Denkmäler der Vergangenheit beziehen.

Diese Reichhaltigkeit unserer Quellen ermöglicht uns die Anwendung der Vergleichung und Combination in einem viel höheren Grade, als dies bei anderen Dichtern zulässig ist. Dabei hat die fortwährende Beschäftigung mit der bildenden Kunst dem ganzen Stil des Dichters ein so bestimmtes Gepräge aufgedrückt, dass ein beliebiger Ausschnitt von mässigem Umfange einen reichen Beitrag liefern würde, wenn auch natürlich einige Werke ergiebiger

als andere sind. So hat eine Reihe von Tragödien für sein Publikum ein nationales Interesse. Von diesen ist in erster Linie der Ion zu nennen, ein Drama, welches auf einer attischen Sage fusst und von den verschiedenartigsten Beziehungen zur attischen Heimat und zeitgenössischen Kunstwelt erfüllt ist. Hier ist vor allen Dingen die Freiheit zu bewundern, mit welcher Euripides nicht missverstehende Anspielungen auf Athens Kunstschmuck anzubringen weiss. Um die schönen schattigen Säulengänge und Tempelhallen Athens in Erinnerung zu bringen, werden verwandte Kunstdenkmäler in fremden Städten hereingezogen. Bei der Betrachtung des Apollotempels in Delphi bricht der aus attischen Mädchen bestehende Chor in die Worte aus:

> Nicht in der göttlichen Stadt Athen nur
> Sind säulengetragene Hallen
> Der ewigen Götter und wird
> Phöbos verehrt an den Wegen:
> Nein, bei Loxias auch, dem Sohn
> Leto's, leuchtet des Zwillingspaares
> Schönäugiges Antlitz.

(Donner.)

Diese unerwartete Hinweisung auf die Denkmälerwelt der Vaterstadt sagt in dieser Verbindung mehr, als jedes directe Lob, und muss auf ein Publikum wie das athenische einen überwältigenden Eindruck ausgeübt haben. Auch an mehreren anderen Stellen des Stückes wird der die Athener umgebenden Kunstwerke erwähnt oder wenigstens auf dieselben angespielt. Gleich zu Anfang gedenkt der mit dem Prolog betraute Hermes des glänzendsten Schmuckes der Vaterstadt, der Statue der Athena Nike im Parthenon:

> Es giebt in Hellas eine hochberühmte Stadt,
> Benannt nach der Pallas mit dem goldnen Speer.

(Eine solche Anspielung findet sich auch Phoen. 1372). — Gegen das Ende (1433 ff.) wird das Erechtheum hereingezogen:

> Mit einem Kranz vom ersten Oelbaum schmückt' ich dich,
> Den Pallas ihrem Felsen einst entspriessen liess.
> Der, ist er hier noch, lässt nie sein frisches Laub,
> Und grünt als Schössling eines Baums, der nie verwelkt.

(Donner.)

Wenn man damit die Erzählung bei Herodot (VIII, 55) vergleicht und bedenkt, dass die wahrscheinliche Aufführungszeit des Ion (etwa 429) mit der Zeit zusammenfällt, in der der zweite Prachttempel der athenischen Burg, das Erechtheum, im Bau begriffen, aber noch unvollendet war, so wird man sich einen Begriff davon machen können, welchen Eindruck diese grossartige Bauthätigkeit auf die Zeitgenossen machte[17]).

Es ist mir nicht möglich, auf die vielen in diesem Stücke berührten localen Erinnerungen, welche gewiss vielfach mit Werken der bildenden Kunst verknüpft waren, einzugehen; bei der Masse von Einzelheiten können nur diejenigen Beschreibungen und Notizen verwerthet werden, welche sich auf die nachweisbar am meisten bewunderten Denkmäler der Plastik beziehen. Unter diesen nehmen die immer wiederkehrenden Anspielungen auf die in den attischen Werkstätten üblich gewordene Ausschmückung der Athenastatuen die erste Stelle ein. Dazu gehören der erdgeborene Drache[18]) und das Gorgonenhaupt[19]). Ohne die Gorgo ist Athena überhaupt gar nicht zu denken; und so ist sie schon in den ältesten Denkmälern[20]), manchmal auf eine durchaus seltsame und abenteuerliche Weise, mit Schlangen umringelt. Auf diese jedem Athener so geläufige Darstellung will der Dichter hier hinweisen.

Von den übrigen Tragödien bietet zunächst der Hippolyt einiges, so namentlich die Erwähnung des Tempelchens, welches Phädra am Abhang der Akropolis der Aphrodite zu Ehren errichtete[21]): sodann finden wir in den Hiketiden die Erwähnung des Tempels, sowie des heiligen Herdes der Demeter und Kora in Eleusis[22]): in der Iphigenia in Tauris der Erbauung des Tempels der Athena Tauropolos zu Halä, mit der Beschreibung des dortigen Cultes[23]): auch muss der zum grössten Theile verloren gegangene Erechtheus vieles auf die Nationalkunst Bezügliche enthalten haben.

Von dieser Betrachtung der in Euripides' Dramen abgespiegelten attischen Denkmälerwelt wenden wir uns nun zu den ausserhalb Attika's befindlichen und noch in Euripides' Zeit der allgemeinen Benutzung zugänglichen Werken der Architektur und Plastik, und zwar zunächst zu solchen, welche in mehr oder weniger enger Beziehung zu Athen standen und dadurch die Aufmerksamkeit des athenischen Publikums fesseln mussten. Hier tritt wieder der Ion in den Vordergrund. Der Dichter will in diesem Stück den plastischen Schmuck des schon erwähnten Apollotempels zu Delphi in der Form einer Episode seinem Publikum vorführen. Um nun von der blossen Erwähnung dieses Nationalheiligthums, dem gewiss schon mancher Athener einen Besuch abgestattet hatte, einen passenden Uebergang zu den Einzelheiten zu finden, bedient er sich

eines sinnigen Mittels. Der Chor vertreibt sich die Zeit damit, dass er die Giebelgruppen und die Metopen betrachtet und bezüglich der Beschreibung der letzteren sehr in's Einzelne geht. Man vergegenwärtige sich die Wirkung einer solchen, bis dahin wahrscheinlich unerhörten Episode! Und doch, wie natürlich musste sie den an ihren Parthenon gewöhnten Athenern erscheinen! Das ist eben das Wunderbare bei Euripides — er weiss jede Neuerung, in der Mythologie wie in der dramatischen Kunst, so zu gestalten und einzuführen, dass sie sich mit dem Ueberlieferten wie mit dem jedesmaligen Zusammenhange organisch verbindet und einen durchaus wohlthuenden und harmonischen Eindruck hinterlässt.

So auch hier. Der Chor hat sich in zwei Hälften gespalten, deren jede ihre Eindrücke wiedergibt: und durch die gelegentliche Anwendung von Fragen und Antworten ist dem Ganzen ein Leben eingehaucht, das mit der naiven Freude der jungen Mädchen über diese ihnen von Athen her längst bekannten Vorstellungen auf's Schönste harmonirt. Eine Reliefplatte wird nach der andern vorgenommen und ihr Inhalt erläutert. Zuerst finden wir die Erlegung der lernäischen Hydra durch Herakles und Iolaos. Herakles führt den Todesstreich mit goldener Sichel, während Iolaos die brennende Fackel erhebt, welche die Lebenskraft des Ungethüms vollends ausrotten soll. Auf der nächsten Reliefplatte folgt Bellerophon auf geflügeltem Rosse (dem Pegasus); er ist im Begriff, die „feuersprühende", „drei Leiber in sich vereinigende" Chimära zu erlegen. Diese beiden Darstellungen griechischer Helden, die mit der Vernichtung heilloser Landplagen beschäftigt sind, gehören offenbar zusammen. Sodann wird eine Reihe bedeutender Gigantenkämpfe, jener so oft wiederholten Vorstellungen, beschrieben: mit funkelndem Blick und geschwungenem Schild geht Pallas Athene auf den Enkeladus los; Zeus verbrennt mit seinem feurigen Blitze den Mimas, während Dionysos mit dem unkriegerischen Thyrsos einen Dritten erlegt. Dieser Beschreibung der Metopen geht eine kurze Erwähnung der beiden Giebelgruppen voran[24]).

Der ganze Ton dieser Schilderung setzt die Vollendung des Tempels in allen seinen Theilen voraus und lässt uns auch errathen, warum Euripides zu dieser auffallenden Episode gerade den delphischen Tempel wählte. Derselbe war nach dem grossen Brande von 548 etwa um 595 wieder aufgebaut worden und war also, da er zur Zeit wo der Ion gedichtet wurde, 100 Jahre alt war, in architektonischer Hinsicht wenig geeignet, die Aufmerksamkeit der feinen athenischen Kunstkenner der zweiten Hälfte des fünften Jahrhunderts zu erregen [*]). Selbst dem oberflächlichen Beobachter mussten die Vorzüge, welche die architektonischen Verhältnisse des Parthenon vor denen des delphischen Tempels bemasen, in's Auge fallen. Ganz anders verhielt es sich dagegen mit dem plastischen Schmuck des Tempels. Derselbe gehört einer weit späteren Zeit an; und schon die blosse Vergleichung mit den zeitgenössischen Sculpturen beweist, dass dieselben nicht allzuweit von dem Reliefschmuck des Parthenon entfernt sind. Ein Dichter wie Euripides, der sich — wie später gezeigt werden wird — durch die Klarheit und Anschaulichkeit seiner Vergleiche auszeichnet, würde sich wohl hüten, heterogene Dinge. d. h. in diesem Falle Bildwerke verschiedener Stile [*]) mit einander zu vergleichen. Diese der klaren Sachlage entnommenen Erwägungen werden durch die auf der Basis solider Forschung beruhenden Combinationen Welckers über die chronologischen Verhältnisse der — attischen — Meister der Giebelgruppen des Tempels unterstützt. Wenn dem so ist — und selbst die besonnenste Revision der Acten wird die Welcker'schen Ergebnisse nicht mehr umstossen können —, so sind wir vollauf berechtigt, auf einen bedeutenden Anstoss zu schliessen, den Parthenon und Theseustempel verwandten Bauunternehmungen gaben: denn in der Kunstgeschichte sind grosse Wirkungen stets die Folgen grosser Ursachen. An der Ostseite des Parthenon erschien Athena als Gigantenüberwinderin und an der Ostseite des Theseion der von seinen Kämpfen in Anspruch genommene Herakles. Die blosse Andeutung dieses Abhängigkeitsverhältnisses gehört natürlich nicht in die Tragödie; und doch hat Euripides die Sache so geschickt behandelt (man bedenke 196 f. und 211: λεύσσε Παλλάδ' ἐμὰν θεόν), dass wir von einer zwingenden Nothwendigkeit zu den obigen Schlüssen geführt werden und die Verdienste Athens und den Einfluss seiner Denkmäler mit derselben Schärfe erkennen, wie sie Euripides erkannt hat. — Ebenso geschickt ist die Auswahl der Metopen, die selbst denen, welche nie in Delphi gewesen waren, durch die bequeme Vergleichung mit den geläufigsten Darstellungen der heimischen Kunst ein gewisses Interesse entlocken mussten. Auch hier wahrt der Dichter seinen demokratischen Standpunkt.

Eine ähnliche Beschreibung, wenigstens von Giebelgruppen, befand sich in dem verlorenen Drama Hypsipyle. Dieselbe wird durch zwei Senare eingeleitet, deren Erhaltung uns den Verlust des Uebrigen um so schmerzlicher empfinden lässt:

Sieh nur, und richte deine Augen hinmelan;
Und schau die bunten Statuen in den Giebeln dort [*]).

In einer gewissen Beziehung zu Athen resp. dem Publikum des Euripides, stand auch der Tempel der Athena Chalkiökos zu Sparta. Dieses hehre Heiligthum, welches von Gitiadas mit Sculpturen geschmückt wurde, wird an mehreren Stellen, wo von Sparta die Rede ist, angeführt und offenbar als ein hervorragender Bau der lakedämonischen Hauptstadt aufgefasst. So klagt Helena in der gleichnamigen Tragödie [*]):

Aber Zeus' erhabnen
Göttin hoch auf goldnem Throne,
Sie sandte Maia's flügelschnellen Sohn herab,
Der, als ich frische Rosenblätter las in meinem Schoosse,
Zu Pallas' ehernem Hause sie zu tragen,
Mich durch der Lüfte Raum in dies regnelose Land entraffte.
(Donner.)

Vorher hatte der Chor geklagt: „Und nie wirst du dein Vaterhaus, nie die Göttin des ehernen Hauses beglücken mehr!" [**]) und in den Troaden [*]) wünscht der Chor, dass Menelaos nie seine Heimat, nie die Göttin mit ehernem Thore wiedersehen möge. Natürlich erfahren wir weiter nichts über Structur und Ausschmückung dieses Tempels; ein zu specielles Eingehen auf die Architekturwerke der Peloponnes, von denen wir im Allgemeinen mehr wissen, als viele nicht gereiste Athener des fünften Jahrhunderts, wäre unpassend gewesen; auch hatte ein grosser Theil der dort vorhandenen Sculpturen wenig Beziehung zu Athen; es handelt sich überhaupt bei dieser Gelegenheit mehr um den Bau, der als das bedeutendste Heiligtum der populärsten Landesgöttin in der Rivalstadt den Athenern von dem tragischen Ende des Spartanerkönigs Pausanias her in besonders lebendiger Erinnerung geblieben war.

Von diesen — mehr oder weniger zu Athen und seinen Bewohnern in Beziehung stehenden — Bauten wenden wir uns nun zu den sonstigen in Griechenland zerstreuten Tempeln und Denkmälern, deren Euripides in seinen Tragödien gedenkt. Unter diesen nimmt der delphische Tempel die erste Stelle ein. Die Vorliebe des Dichters für diesen Bau erhellt namentlich aus der fortwährenden Bezugnahme auf die Einzelheiten desselben bei Gelegenheit eines Botenberichts in der Andromache. Am Schlusse dieser Tragödie wird der zweiten, zum Zwecke einer Aussöhnung mit Apollon unternommenen Reise des Neoptolemos nach Delphi gedacht. Orestes beschliesst, Neoptolemos zu verderben und verläumdet denselben bei den Delphiern[?]):

> Erblickt ihr ihn, der durch des Gottes Heiligtum
> Das golderfüllte, durch der Männer Schätze geht?
> Zum zweitenmale kommt er, wie zuvor er schon
> Hierher gekommen, auszutilgen Phöbos' Haus!

(Donner.)

Diese Worte finden Gehör, man sieht in Neoptolemos einen Landesfeind, die Behörden versammeln sich, das Volk strömt in die Volksversammlung[?] und die Verwalter der Schätze des Gottes stellen „im säulenumringten Heiligthum Schutzwachen aus"[?]. Neoptolemos betritt den Tempel, wendet sich betend an den Gott und wird während dieses Actes von der bewaffneten Rotte, Orestes an der Spitze, trotz muthiger Gegenwehr niedergemacht. Diese Vorgänge werden nun benutzt, um eine Menge architektonische Details hereinzuziehen. Dazu gehören die Säulenhallen[?], die Thürschwelle[?], der Altar[?] und die Anten[?]. Ausserdem begegnen wir im Ion dem Eingange, dem Stufensystem und dem Dach des Tempels. Von dem ὀμφαλός, dem heiligen Stein und Erdmittelpunkt, ist in derselben Tragödie die Rede; er befand sich im Allerheiligsten und war mit Binden umwickelt und mit Gorgonenbildern geschmückt[?]. — Ein selbständiges Interesse beanspruchen die zum delphischen Tempel gehörenden, von den einzelnen griechischen Stämmen und Städten angelegten Schatzhäuser. Euripides erwähnt sie besonders häufig; er nennt sie γύαλα und fügt zuweilen einige Worte über ihren reichen Inhalt hinzu[?]. Ein sehr anschauliches Bild von der herrlichen Umgebung des Nationalheiligtums endlich entrollen die beiden Chöre im Ion und in den Phönissen[?]. Von denen namentlich der letztere das ganze bewegte Leben der Diener des Gottes und der benachbarten, dem Dienste des Dionysos geweihten Thyiaden vorführt.

Neben Apollon finden auch die übrigen Götter Berücksichtigung. Nichts kann die Geschicklichkeit übertreffen, mit der Euripides die Erwähnung resp. Beschreibung hervorragender Tempelbauten mit seiner Darstellung zu verweben weiss: wichtig ist hier eine Stelle des Kyklops, wo Odysseus seinen ungeschlachten Gastgeber mit der Aufzählung der Tempel zu besänftigen sucht, die er mit seinen Landsleuten dem Poseidon errichtet hat[?]):

> Denn wir, o Herr, wir bauten Tempelsitze je
> In Griechenlandes Meerbuchten deinem Vater einst.

Und ungestört ist Tänaron's geweihter Port,
Der hohe Busen Malea's, der göttlichen
Athene silberreicher Fels auf Sunion,
Der Ankerplatz Geraistos.

(Donner.)

Jedermann empfindet die Schönheit dieser Schilderung, die die berühmtesten und prächtigsten Heiligthümer des Erderschütterers blitzschnell vor dem geistigen Auge des Zuhörers vorbeigleiten lässt. Bei der Anlage der dem Poseidon geweihten Tempel wählte man mit besonderer Vorliebe hohe, steil in's Meer abfallende Klippen[?]. Auf diesen glänzten, weithin sichtbar, die weissen Säulenhallen im Sonnenlicht und riefen den Schiffern ein Willkommen entgegen. — Eine ähnliche Lage hatte das Grabmal der Hekabe an der thrakischen Küste, das Κυνὸς σῆμα[?], welches von unserem Dichter ausdrücklich als eine „Warnung für Schiffer" bezeichnet wird. Von sonstigen Tempelanlagen sind noch das Heiligtum der Hera Akraia bei Sikyon[?] und das Thetideion bei Phthia[?] zu nennen.

Ausser den eigentlichen Tempeln von grösserem Umfange hatte man in Griechenland noch kleinere Gotteshäuser (ναΐσκοι), die an abgelegenen Orten erbaut und in Verbindung mit heiligen Auen (λειμῶνες) einer einzelnen Gottheit geweiht wurden. Derart waren die Aue der Hera in den Phönissen[?] und diejenigen der Artemis in der Iphigenia in Aulis und im Hippolyt[?].

Dem Auslande gehören die baktrischen Mauern[?] und der Tempel des Zeus Ammon[?] an. — Von dem alten gemauerten Erdaufwurf zu Argos, welcher den Argivern als Gerichtsstätte diente (und nach Euripides schon beim Prozess gegen Danaos und die Danaiden benutzt wurde), war im Bellerophon[?] die Rede.

Von diesen zu Euripides' Zeit noch vorhandenen und täglich benutzten Bauten gehen wir jetzt zu den Denkmälern der Vorzeit über. Hier treffen wir zunächst die Spuren mehrerer Holztempel, deren Erwähnung schon wegen der damit verknüpften kunstgeschichtlichen Fragen vom höchsten Interesse ist. Hier ist nun darauf aufmerksam zu machen[?], dass das so häufig erwähnte — unmittelbar auf die Schlacht folgende — Anheften von erbeuteten Schilden und sonstigen Waffenstücken und Trophäen an den Architrav oder an die Triglyphen nur dann verständlich ist, wenn das Gebälk von Holz war. So sind Bacch. 1214, wo Agave das Haupt ihres gemordeten Sohnes Pentheus an die Triglyphen annageln lassen will, und El. 6, wo der heimgekehrte Agamemnon die Beute an dem Tempelgesimse anbringt, hölzerne Friese anzunehmen; von Cedernholz war die Decke des Gemachs, über welche der Phryger im Orestes[37]) entkommt; von Cypressenholz das Gebälk der in einem umfangreichen Fragment der Kreter[38]) erwähnten Tempel. Von dem Gebälk zu den Säulen ist nur ein Schritt; wenn ersteres von Holz war, so waren es die letzteren gewiss auch. Wenigstens scheint es mir höchst unwahrscheinlich, dass ein Dichter wie Euripides bei der Beschreibung derartiger Tempel und der absichtlich hervorgehobenen Nennung des Materials nur an das Dach und nicht an das Ganze gedacht haben soll. Auch müssen im fünften Jahrhundert, wo Euripides schrieb, noch zahlreiche Holztempel vorhanden gewesen sein. An der eigensten Anschauung fehlte es ihm hier gewiss nicht. Wenigstens sind hier für das Gebälk Stellen nachgewiesen, die die Entwickelung desselben — im dorischen Stil — aus dem Holzbau über jeden Zweifel erheben. Die Triglyphen waren, wie aus Euripides unwiderleglich hervorgeht[39]), vorstehende (viereckige) Balkenköpfe, zwischen denen ebenfalls viereckige Oeffnungen die Stelle der späteren Metopen vertreten. Sie liessen das Tageslicht in's Innere strömen und dienten unternehmenden Räubern bei Einbrüchen in Tempel, weswegen man sie später mit viereckigen Platten schloss.

Besondere Vorliebe scheint der Dichter für die grossen architektonischen Massen des heroischen Zeitalters gehabt zu haben, welche als sprechende Denkmäler der Vorzeit noch an manchen Orten in Griechenland über der Erde standen. So legt Euripides gerade auf die kyklopischen Mauern ein grosses Gewicht und führt diese schweren wohlgefügten Steinmassen offenbar als einen integrirenden Bestandtheil der alten Städte- und Burgenbauten an. An einer Stelle im rasenden Herakles[40]) geht er auf die eigenthümliche Construction dieser Mauern ein; sie bestehen nicht aus rohen übereinander geschichteten Steinblöcken, sondern die einzelnen Steine sind mit Messschnur und Steinaxt in einer Weise bearbeitet, dass die Fugen ineinander greifen. Dadurch entstehen die allerdauerhaftesten Mauern und Brustwehren. Also auch hier das bestimmte und klare Erkenntniss des Kunstgedankens. Diese Mauern waren, wie Euripides selbst sagt, zuweilen himmelhoch[41]). — Die Häufigkeit ihres Vorkommens erklärt sich daraus, dass für den Dichter die Kunst überhaupt ein so integrirender Bestandtheil des griechischen Lebens ist, dass sie bei der idealen Schilderung des heroischen Zeitalters mit in Betracht gezogen werden muss. Ohne umfassende Berücksichtigung der hie-

her gehörenden Bauwerke wäre in seinen Augen jede Darstellung unvollständig gewesen. Fast an allen Stellen, wo die alten Städte Argos und Mykenä vorkommen, werden auch die kyklopischen Mauern, diese malerische Umkränzung der entschwundenen Heroenstädte[42]), hineingezogen. Noch ist des Einflusses zu gedenken, den Euripides auf die allgemeine Aufnahme der uns so geläufigen Bezeichnung „kyklopisch" ausgeübt hat. Allerdings begegnen wir diesem Ausdruck schon bei Sophokles[43]). Aber während er in dessen poetischem Nachlass nur einmal vorkommt, ist er gerade bei Euripides ungemein häufig. Es kann wohl keinem Zweifel unterliegen, dass er sich erst in Folge des Vorgangs dieses Dichters in der griechischen Sprache eingebürgert hat. So trägt Euripides sogar zu der Schöpfung der Kunstterminologie bei.

Nicht geringer ist sein Interesse für die sog. Thesauren, die Schatzbehälter des heroischen Zeitalters. Von den Delphischen Schatzkammern habe ich bereits gesprochen; hier ist noch auf die Privatbauten hinzuweisen. Ein hervorragendes Beispiel dafür ist der von Hekabe erwähnte reiche Schatzbehälter, den man an einem über die Erde hervorragenden schwarzen Stein erkannte[44]). Ueberhaupt ist neben der Beschreibung von Städtegründungen[45]) die Privatarchitektur des heroischen Zeitalters in umfassender Weise berücksichtigt; fortwährend werden Einzelheiten über die innere Einrichtung der Paläste, sowie architektonische Details eingestreut, die das Privatleben der damaligen Menschen, wenigstens wie es vom Dichter aufgefasst wird, in das hellste Licht setzen. Dahin gehört der Palast des Adrastos mit seiner Vorhalle[46]), sowie die schöne Beschreibung des Ansehens der inneren Gemächer der trojanischen Privathäuser in der Nacht der Einnahme[47]).

Plastik. — Von dem in die perikleische Kunstepoche fallenden Reliefschmuck des delphischen Tempels ist schon die Rede gewesen; von sonstigen zeitgenössischen Denkmälern findet sich, abgesehen von den S. 23 ff. erwähnten, so gut wie nichts. Mehr Gewicht legt Euripides auf die Leistungen der Vergangenheit, insbesondere auf die aus der Schule des Dädalos hervorgegangenen Kunstwerke. Obwohl Dädalos den Griechen als eine mythische Person galt, so nahmen doch die Erzeugnisse seiner Schule einen bestimmten Platz in ihrer Kunstgeschichte ein. Die Bedeutung dieser Schule bestand darin, dass sie eine specifisch griechische Kunst begründete, d. h. dieselbe von den Fesseln, die die Aegypter ihr angelegt hatten, befreite. Linkische Bewegungen waren besser als unnatürliche Regungslosigkeit. Mit vollem Rechte hat Euripides daher an mehreren Stellen die täuschende Lebendigkeit dieser dädalischen Kunstwerke gerühmt. So sagt Hekabe in der rührenden Scene, wo sie, die gefangene Königin von Troja, den griechischen Heerführer mit den inständigsten Bitten zur Theilnahme an dem Anschlage gegen den verrätherischen Polymestor auffordert: „O dass meine Arme, meine Hände, meine Haare, meine Füsse Stimme annähmen, sei es durch die Kunstfertigkeit des Dädalos, oder irgend eines Gottes, damit sie Dich insgesammt anflehen könnten"[44]) — ein schönes Seitenstück zu dem bei Euripides in bedrängten Lagen wiederholten Wunsche, die musikalische Fertigkeit und Ueberredungsgabe des Orpheus zu besitzen. Solche Wiederholungen scheut unser Dichter nicht, und wir müssen gestehen, dass da, wo er sich dieses Mittels bedient — in der Alkestis, in der aulischen Iphigenia, in der Medea[45]) —, dasselbe zur pathetischen Wirkung ein Bedeutendes beiträgt.

Ausserdem gedenkt Euripides noch der (mit dem Namen ξόανα bezeichneten) vergoldeten Statuen in Troja[46]) sowie in den Phönissen der Aufrichtung eines als Trophäe dienenden Standbildes des Zeus[47]). Das letztere wird mit dem alterthümlichen, nach Priestersitzung schmeckenden[48]) Worte βρέτας bezeichnet, wie denn überhaupt βρέτας noch mehrmals beim Dichter anzutreffen ist.

Malerei. Bei der Erwähnung (resp. Beschreibung) der Giebelgruppen eines lemnischen Tempels (s. oben S. 26 f.) heissen die einzelnen Gestalten γραπτοὶ τύποι. Dies wird man nur als „bemalte Statuen" fassen können; und so liefert uns diese Stelle einen Beweis für die (ehemals so sehr bestrittene) Bemalung des plastischen Schmucks der griechischen Tempel. Eine versteckte Andeutung auf die trotz aller Weitsichtigkeit des altgriechischen Auges erkannte Nothwendigkeit dieser Bemalung liegt in der Bezeichnung: πρὸς αἰθέρ' ἐξαμίλλησαι κόρας, „richte deine Augen zum Himmel hinauf", worin ausgesprochen ist, dass die Giebelgruppen, auch im heroischen Zeitalter, so hoch über den Beschauern waren, dass ohne die Hilfe der Bemalung (die übrigens auch zur Abschwächung der blendenden Weisse des Marmors diente) die Einzelheiten nicht zu erkennen gewesen wären[49]).

Was die vom Dichter herbeigezogenen Einzeldarstellungen anbelangt, so dienen diese sämmtlich dazu, die Beschreibung eines Vorganges oder eines Zustandes anschaulicher zu machen. So sagt die gefangene Hekabe von sich[50]): „Ich habe nie ein Fahrzeug be-

stiegen, und kenne ein solches nur aus Gemälden und von Hörensagen". Ganz ähnlich spricht Hippolyt[71]): „Bis zur Stunde ist mein Leib keusch; die Liebe kenne ich nur aus Gemälden und von Hörensagen". Hier wie dort soll der Gegensatz zwischen Kunst und Wirklichkeit betont werden. Dahin gehören auch die beiden Stellen im Ion und in den Phönissen[72]). In der ersteren Tragödie fragt Ion, ob Athena den Knaben Erichthonios in der Weise, wie man dies auf Gemälden sehe, den Kekropstöchtern übergeben habe. In den Phönissen heisst es von Hippomedon: „Er ähnelte einem erdgeborenen Giganten, wie man solche auf Gemälden sieht". Solche Darstellungen waren den Athenern geläufig und fanden sich namentlich auf Vasen abgebildet. So tief ist also die Kunst in das Leben eingedrungen, dass man sich ihrer zur Veranschaulichung der Wirklichkeit bedient! Sehr zeitgemäss sind dann noch die häufigen Anspielungen auf die bunten Stickereien auf dem panathenäischen Gewande, welches von Alters her bei den Panathenäen der Athena Nike dargebracht wurde. So fragt sich z. B. in der Hekabe der aus gefangenen trojanischen Mädchen bestehende Chor, was sein Reiseziel sein wird[73]): „werde ich nach dem dorischen Lande, oder nach Phthia, oder nach Delos kommen?

Oder werd' ich in deiner Stadt,
Schönthronende Pallas, auf
Safranfarbnem Gewande dir
Schirren die Ross' an den Wagen,
Kunstreiche Gewebe mit
Bunten Farben durchwirkend? Werd' ich
Dir bilden Uranos' Stamm,
Den mit flammendem Blitz
Zeus in ewigem Schlafe begräbt?"

(Donner.)

Die Beziehung zu Athen, der Stadt des panathenäischen Gewandes, springt in die Augen. Ueberall macht sich das Wohlwollen geltend, mit dem der Euripides diese Beschäftigung der attischen Jungfrauen betrachtet. Uebrigens wird von diesen Stickereien noch im nächsten Capitel die Rede sein.

III.

Das Verhältnis eines Dichters zur bildenden Kunst ergibt sich nicht blos aus der grösseren oder geringeren Anzahl der von ihm hereingezogenen und mit seiner Darstellung verwobenen Kunstwerke, sondern auch aus der Art und Weise, wie er Personen und Dinge auffasst und beschreibt. Begnügt er sich mit der trockenen Aufzählung von äusseren Ereignissen oder der kalten Beschreibung von an der Oberfläche haftenden Empfindungen, ohne dass die innere Arbeit, die den Ereignissen und Empfindungen vorangegangen, sichtbar wird oder zu ihrem Rechte kommt, so ist er kein künstlerischer Dichter; versteht er es dagegen, uns in die Werkstatt der handelnden Personen einen Blick thun zu lassen und den Urquell ihres Thuns bloszulegen, und entspricht der innere Gehalt der äusseren Form: so werden seine Beschreibungen künstlerisch, seine Gestalten lebensvoll und dramatisch.

Das letztere ist nun in besonderem Masse bei Euripides der Fall. Als Anhänger des Anaxagoras und als Freund des Sokrates gewöhnte er sich früh daran, über die Betrachtung der Aussenseite der Dinge hinaus in ihr inneres Wesen einzudringen. Sobald ihm dieses letztere klar zu werden begann, kehrte er zu der Aussenseite zurück und strebte nun beim dichterischen Schaffen nach der Herstellung der Harmonie zwischen dem Innern und dem Aeussern der auf die Bühne gebrachten Gestalten. Er betrachtete Personen und Dinge mit dem Auge des Künstlers, aber auch mit dem Auge des Anatomen und wurde dadurch künstlerisch und pathetisch zugleich. Die Vereinigung dieser so selten sich zusammenfindenden Eigenschaften drückt seinen glücklichsten Schöpfungen den Stempel der Vollendung auf. Hätte Euripides rein künstlerische Schilderungen bezweckt, so wäre er Lyriker geworden: davor bewahrte ihn aber seine Hinneigung zum Pathos, das stets wahr, nie hohl ist und welches, in Verbindung mit seiner Fähigkeit, die Aussenseite mit dem Innern in Uebereinstimmung zu bringen, seine Laufbahn entschied. Wie sehr Euripides die Empfindungswelt des griechischen Dramas, insbesondere durch sein unablässiges Studium des weiblichen Gemüths, bereichert hat, ist allbekannt: nur einen Fall will ich anführen. Die bedeutendste Frauengestalt, welche Sophokles geschaffen, ist ohne Zweifel die Antigone; und doch, wie weichherzig, wie ohne allen Anflug von Trotz, geht Antigone nach der ersten, allerdings stolzen Rechtfertigungsrede in den Tod! Im Gegensatz dazu hält sich die euripideische Medea, die Personification ehelicher Rachsucht, selbst nach vollbrachter That aufrecht und fliegt, die todten Kinder auf dem Arm, unter Verwünschungen davon. Eine solche Gestalt hätte Sophokles nicht schaffen können: Euripides konnte es, weil er innere Empfindungen bis zu ihren äussersten Consequenzen verfolgte und ihre Spitze nie abbrach, ehe er mit derselben durchgedrungen war. Schon hieraus ergibt sich, dass die euripideische Auffassung der Aufgabe des Dramas eine Nothwendigkeit war, wenn dasselbe nicht stagniren sollte: nach dem Verhallen der gewaltigen Naturlaute des Aeschylus (458) war man zuerst auf die mehr vermittelnde Richtung des Sophokles angewiesen, bis Euripides — der sich übrigens sehr langsam emporgearbeitet hat[**] — durch seine Medea und seinen Hippolyt dem attischen Publikum zeigte, was das Drama noch vermochte.

Der gewaltige Eindruck der euripideischen Schilderungen beruht also auf der Uebereinstimmung zwischen innerem Wesen und äusserer Erscheinung. Dieses Princip bildete auch die Grundlage seiner Ethik. Wo die beiden Elemente (Wesen und Form) sich nicht decken, fehlt nach Euripides dem Object die innere Wahrheit. Wie bei seinem Zeitgenossen Thukydides, findet sich auch bei ihm der Gegensatz zwischen ἔργον und λόγος sehr häufig[*] und überhaupt ist ihm da, wo ein gesunder innerer Kern fehlt, jede schöne äussere Erscheinung[*] oder Fertigkeit[*] verhasst. Dieses entschiedene Frontmachen gegen das Princip der blossen Form beeinflusst auch seine Beschreibungen von sonst — wenigstens bei seinen Vorgängern — gleichgültigen Dingen. Ueberall blickt ein lebhaftes Interesse für das Material und die Technik der von ihm beschriebenen Dinge durch. Von dem Material einiger bei ihm vorkommen-

der Tempel und Privatwohnungen habe ich schon gesprochen; neben
Cypressenholz finden wir Cedernholz, das er überhaupt sehr gern
erwähnt. Von Cedernholz ist eine Treppe im Königspalast zu Theben[11]), die Kleiderkiste und der Sarg der Alkestis[12]), sowie zwei
andere beiläufig erwähnte Särge im Orestes und in den Troaden[16]).
Gerade die beiläufigen Anführungen sprechen für den Kunstsinn
unseres Dichters; dieselben sind um so mehr am Platze, als die
Wahl des wegen seiner Dauerhaftigkeit gesuchten und zu Särgen
benutzten Cedernholzes den schönen dabei ausgesprochenen Wün-
schen der beiden liebenden Paare — Elektra und Orestes, Admet
und Alkestis —, ewig neben einander zu ruhen, entspricht. Auch
findet sich das Wort κέδρος in der neuen, unter Beibehaltung des
Gedankens an das Material aufgekommenen Bedeutung „Sarg" bei
Euripides zuerst. Sein Kunstsinn trägt also sogar zur Bildung der
Sprache bei. Diese kleinen Dinge geben einen klareren Begriff von
dem Verhältnis des Dichters zur Aussenwelt, als manche scheinbar
bedeutungsvollere Kennzeichen. So begegnen wir zweimal einem
sogenannten Epheubecher[17]); ausserdem erscheint das Epithe-
thon (αἴσνος) noch sehr häufig in Verbindung mit θύρσος. Von
dem „mit Elfenbein verzierten" Palast des Menelaus ist in der Iphigenia in Aulis die Rede[41]); ausserdem wird die Bezeichnung λάϊνος
(steinern) häufig angetroffen[42]). Die Zusammensetzungen mit χρυσο-
sind zahllos; mit Rücksicht auf den Sprachgebrauch der Vorgänger
wird dieses in allen Sprachen so vortheilhaft zur Ausschmückung
der Rede verwendete Wort in umfassender Weise ausgebeutet. Dio-
medes und Pallas haben goldene Schilde[43]), Helios fährt auf einem
„mit Gold gelötheten Wagen" einher[44]). Worte wie „goldreich",
„von Gold gemacht", kommen an allen Ecken und Enden vor. Mit
diesem verschwenderischen Reichthum bezweckt Euripides auch die
Veredelung des Handwerks. Ich bemerke ausdrücklich, dass ich
hier nur Andeutungen geben kann.

Dieselbe Aufmerksamkeit wendet Euripides der technischen
Beschaffenheit der von ihm beschriebenen Bauwerke und Gegenstände zu. Besonders liebt er das Wort ξεστός, „aus Quadern ge-
fügt", das entweder den festen Bau eines Palastes oder die Auf-
mauerung eines später zu Gerichtsverhandlungen u. s. w. benutzten
Erdhügels bezeichnen soll[45]). In Verbindung damit trägt die Rücksicht auf die verschiedenen Theile der Tempel und Privatwohnungen,
sowie auf mannigfache architektonische Details sehr zur Veranschaulichung der einzelnen damit in Zusammenhang stehenden Vorgänge

bei. So begegnen wir der Tempelumfriedigung[46]), dem Stylobat[46]),
der Vorhalle[47]), den Triglyphen und Metopen[48]), dem Gesimse[49]),
dem Säulenkapitell[48]), dem Piedestal der Tempelstatue[51]) u. s. w.
Wo, möchte ich fragen, ist dieser Sinn für Material und Tektonik
unter ähnlichen Verhältnissen stärker vertreten? Dazu gesellen sich
einige Spuren von plastischer Auffassung, obgleich bei Beschreibungen gewöhnlich das malerische Princip vorwiegt. Dahin möchte
ich die kurze Beschreibung 'des Palastes des Aegypterkönigs Theo-
klymenos, sowie die Vorliebe für πύργος und ἐκτάπυργος (von
Theben gesagt)[52]) rechnen. Das Vorkommen des letztern Wortes
ist wohl nicht bedeutungslos; denn während ἐκτάπυλος zurücktritt,
erscheint ἐκτάπυργος besonders oft, und zwar, soweit ich sehen kann,
wieder zum ersten Mal.

Mit dieser Tendenz sind die Anschauungen des Dichters über
die Verwendung der bildenden Kunst im Leben eng verwandt. Mitten in eine Welt gestellt, wo alles von der Kunst durch-
tränkt war, hätte er seinen Zweck verfehlt, wenn die von ihm hereingezogenen oder beiläufig erwähnten Gegenstände des täglichen
Verkehrs des Schmuckes der Kunst entbehrt hätten. Selbst gleich-
gültige Dinge erhalten dadurch ein ungewöhnliches Interesse. Dahin gehört die so häufig erwähnte Kleiderpracht[53]) und der Gold-
schmuck[54]) der Frauen, sowohl der Griechinnen als der Orienta-
linnen. Sehr gern zieht er die bunten Stickereien der griechischen,
insbesondere der attischen Mädchen herbei. Dadurch ist ein Eingehen auf die auf ihnen befindlichen mythologischen Darstellungen,
welche, wie wir gesehen haben, in Attika die attikern die attikern gelän-
figen Geschichten ausschliesslich betonten, ermöglicht. Die wichtige
Stelle der Hekabe habe ich schon angeführt; ausserdem findet sich
Manches im Ion, wo Kreusa ihrem Sohn die Beweise für ihre
Mutterschaft vorlegt. Sie hatte den kleinen Ion in ein Gewebe
eingewickelt, dessen Mitte von einem von Schlangen umringelten
Gorgonenhaupt eingenommen war[55]). Ganz ähnlich berichtet Orestes seiner unglücklichen Schwester über das von ihr verfertigte Gewebe, welches den Streit zwischen Atreus und Thyestes über das
goldene Lamm und die Umkehr der Sonne darstellte[56]). Während
sich also die attischen Mädchen an die heimischen Mythen hielten,
ist hier eine Scene aus dem peloponnesischen Sagenkreise dargestellt. — Ist zu bemerken, dass Euripides, so hold er einem
mässigen Wohlstand ist, trotzdem als ein entschiedener Feind alles
blossen Pomps und Luxus auftritt und namentlich das Prunken mit

dem Reichtum scharf verdammt[97]). Desto mehr schätzt er einen verständigen Aufwand bei Staatsbauten. Das geht nicht nur aus dem mit Delphi sich beschäftigenden Chor des Ion, sondern aus jeder Schilderung einer vom ästhetischen Standpunkte wohlthuenden Stadt hervor[98]).

Soweit die Werke des Friedens. Aber auch im Kriege, wenigstens nach griechischer Auffassung, gebührt der Kunst eine Stelle. Zu der vollständigen Rüstung des Kriegers gehören nicht nur tüchtige Offensivwaffen, sondern auch ein wenigstens von der Kunst angehauchter Schild; einen mit verschiedenen Bilderstreifen geschmückten Schild zu besitzen, galt für ein grosses Glück. Ganz ungewöhnlich begünstigte Menschen, wie Achilles und Herakles, erhielten einen von Hephästos' eigener Hand gefertigten und über und über mit Figuren verzierten Schild; und nachdem einmal Homer ein mythisches Kunstwerk ausführlich beschrieben hatte, beeiferten sich die folgenden Dichter dieser so glücklichen Idee und flochten von Zeit zu Zeit, der Abwechslung halber, längere oder kürzere Beschreibungen von Schilden ein, deren Ursprung entweder an Hephästos angeknüpft wurde oder in Ermangelung eines göttlichen Künstlers unerörtert blieb. Im ersteren Falle nannte man einen solchen Schild ἡφαιστότευκτος; und das Vorkommen dieses Wortes, namentlich in Inhaltsangaben verlorener Werke, deutet auf derartige eingehende Schildbeschreibungen im homerisch-hesiodeischen Stil[99]); im anderen Falle begnügte man sich mit einer kürzeren Schilderung, die sich sehr häufig auf die Angabe einer Einzelfigur — z. B. eines mit fletschenden Zähnen dargestellten Gorgonenhauptes — beschränkt. Das häufige Vorkommen gerade der letzteren Gattung erklärt sich aus dem den Griechen innewohnenden Hang zur Symbolik, der eine Uebereinstimmung zwischen dem Schildzeichen und dem geistigen Wesen seines Trägers voraussetzte und verlangte.

Nach Homer finden sich längere Schildbeschreibungen bei Hesiod[100]), Eumelos[101]) und dem Dichter der Aethiopis[102]); von diesen gehen zwei auf Hephästos zurück. Aber weitaus der bedeutendste Vertreter ist Aeschylos, der in den sieben Redenpaaren in den Sieben gegen Theben[103]) die Schildzeichen der feindlichen Anführer (mit Ausnahme des Amphiaraos, der keines hat), sowie dasjenige eines thebanischen Helden beschreibt. Die symbolische Auffassung wiegt hier vor; auch sind die einzelnen Darstellungen durchaus im Geiste der älteren Kunst. Anders bei Euripides. Er gibt die symbolische Auffassung zwar nicht auf, indessen ist der Sinn seiner

Schildzeichen mehr versteckt, und muss, im Gegensatz zu der Art und Weise, wie er bei Aeschylos ohne Weiteres erklärt wird — von dem Zuhörenden errathen werden. Euripides, der in der hier berücksichtigten Tragödie[104]) gegen Aeschylos polemisirt, weil er da, wo es sich um Abwehr der Feinde handelt, ausführliche Botenreden einfügt, bringt diese Schildzeichen erst nach dem ersten Siege der Thebaner auf's Tapet und ist daher der Erörterung der für die Feinde verhängnisvollen Vorbedeutungen, die von thebanischer Seite in die Schildzeichen hineingelegt werden, überhoben. Das ist ein grosser Fortschritt. Auch die Darstellungen haben sich bedeutend geändert. So ist z. B. der Sternenhimmel, dessen Bild einer der feindlichen Helden bei Aeschylos schwingt, bei Euripides durch den hundertäugigen Argos ersetzt, dessen Augen „theils mit dem Aufgange der Sterne wachten, theils mit dem Niedergange sich senkten"[105]). Das ist ein Bild, dessen Sinn, da er nicht auf der Hand liegt, nur durch einiges Nachdenken ergründet werden kann; aber gerade das wollte Euripides.

Die einzelnen Schildbeschreibungen brauchen uns hier um so weniger zu beschäftigen, als es überhaupt mehr auf die Abweichungen von Aeschylos ankommt und viele Darstellungen dem von mir erörterten Character der Einzelfiguren entsprechen; so z. B. die lernäische Hydra auf dem Schilde des Adrastos[106]).

Zum Schlusse will ich noch auf die hervorragende Rolle hindeuten, die die Musik in dem von Euripides entrollten gesellschaftlichen Leben spielt. Bei Festen und Gelagen ist sie willkommen; sie schliesst den Kreis der Künste, die das herrliche Leben der Zeit verschönerten und vergeistigten[107]).

IV.

In den beiden letzten Capiteln habe ich zu zeigen gesucht, welchen Einfluss die bildende Kunst auf Euripides' Dramen zunächst im Allgemeinen ausgeübt hat; wie sehr die unausgesetzte Beschäftigung mit derselben, wie die hohe Meinung, welche er von ihrem allseitigen Werthe hatte, ihn beim dichterischen Schaffen zur fortwährenden Rücksichtnahme auf dieselbe drängte und wie daraus eine umfassendere Betrachtung und richtigere Darstellung des griechischen Lebens entstand.

Indessen ist damit die Wirksamkeit der so fruchtbaren neuen Geistesrichtung noch nicht abgeschlossen. Das Eindringen in das innerste Wesen der bildenden Künste machte sich auch im Stil und bei der Wahl der dramatischen Kunstmittel geltend. Die attische Tragödie bestätigt hier das überall beobachtete Gesetz, dass jede Gedanken- und Gefühlswelt des lebenden Geschlechts sich auch in der Litteratur (und vorzugsweise in der Poesie) ausprägt und auf die Schreibweise einwirkt. Diese Veränderung des Stils und die damit zusammenhängende Verfeinerung der schriftstellerischen Kunst lässt sich nicht überall mit der gleichen Leichtigkeit nachweisen; die Erkenntnis derselben ist natürlich von der Beschaffenheit der auf uns gekommenen Litteratur des betreffenden Volks abhängig und kann daher in manchen Fällen nur unvollkommen sein. Mit am günstigsten ist in dieser Beziehung das perikleische Zeitalter gestellt. Es hat uns 25 Werke von zwei Tragikern hinterlassen, die sich gegenseitig ergänzen und dadurch jede Empfindung der Zeitgenossen, jede Schattirung der politischen Parteien und Gegensätze abspiegeln. Das Kunstgefühl der Zeit ist namentlich durch Euripides vertreten; nichts beweist dies deutlicher, als die Wahl seiner Gleichnisse.

Für uns ist Homer derjenige Dichter, welcher das Gleichnis in die Litteratur des Abendlandes eingeführt hat. In voller Uebereinstimmung mit der Bildung der Zeit, sind die ältesten homerischen Dichter bei der Wahl ihrer Gleichnisse vor allen Dingen von der sie umgebenden Natur ausgegangen und haben dieselbe nach allen Richtungen und in einer Weise ausgebeutet, dass selbst die späteren Epiker zum guten Theil an diesem Vorstellungskreise festhalten[...]. Mit der Fortentwickelung der Litteratur und der Bereicherung des Gedankengehaltes der griechischen Welt werden jedoch diese Vorstellungen immer mehr von geistigen Begriffen verdrängt; namentlich werden die sichtbarsten Fortschritte der Civilisation und des Verkehrslebens zu diesem Zwecke verwendet und so wird das Gleichnis zum Gradmesser der nationalen Cultur. Nur auf zwei Momente soll hier aufmerksam gemacht werden: die Schrift und die bildende Kunst. Die ungemeine Menge von Gleichnissen, die — namentlich bei Aeschylos — der Schrift entnommen sind, beweist, dass dieselbe zur Zeit des ersten Tragikers eine Verbreitung gehabt haben muss, die wir allerdings nicht mehr nach festen Grenzen bestimmen können, die aber nach manchen Anzeichen geahnt werden kann[...]. Daran reiht sich die bildende Kunst an; und zwar sind alle Künste — Architektur, Plastik, Malerei — in einer Vollständigkeit vertreten, die auch hier eine Trennung nach Gattungen ermöglicht. Der aufmerksame Leser wird sich dabei des Unterschiedes zwischen längeren Gleichnissen und kürzeren wie Streiflichter hingeworfenen Vergleichen und anderen Gebieten angehörenden Ausdrücken bewusst werden.

Architektur. — Wir beginnen hier mit der schönen Stelle aus dem Prolog der Iphigenia in Tauris[...], die wir vollständig wiedergeben:

> Mir träumte, dass ich, fern' entrückt von diesem Land,
> Daheim in Argos unter meinen Frauen entschlief;
> Der Erde Rücken unter mir erbebt', ich floh;
> Und aussen stehend, sah ich, wie des Hauses Sims
> Einfiel, und alle Dächer, ringsher eingestürzt,
> Aus hohen Pfeilern auf den Grund hinschmetterten.
> Nur eine Säule blieb zurück vom Vaterhaus,
> So träumte mir, und blondes Haupthaar floss hinab
> Vom Knauf der Säule, die mit Menschenstimme sprach.
> Und ich, gedenkend meines menschenmordenden

Geschäfte, begoss die Saale, sie zum Tod bestimmt.
Und weinte laut. Dies Traumgebilde deut' ich so:
Orestes starb, ich wählte selbst zum Opfer ihn.
Denn Säulen unsrer Häuser sind die Söhne ja,
Und Tod erdulden Alle, die mein Bad besprengt.

(Donner.)

Die von ihrem Schmerz übermannte Priesterin bezeichnet also die
Söhne als die Säulen des Hauses, — ein Vergleich, der sich auch
in der modernen Litteratur häufig findet. Bemerkenswerth ist die
Art und Weise, wie der Dichter (V. 55 f.) zuerst das Resultat ihres
längeren Nachdenkens über den Traum, und dann erst die Gründe
für diese Erklärung mittheilt: diese nachträgliche Begründung eines
scharf hingestellten Gedankens oder Ausdrucks ist echt euripideisch[116].

An dieses systematisch durchgeführte Gleichnis mit στύλος
reihen sich zahlreiche Ausdrücke an, die der Terminologie der Architektur und Tektonik angehörend, mit besonderer Vorliebe zur
Bezeichnung von verschiedenen Dingen verwendet werden, die jenen
Gebieten fern zu stehen scheinen. So sagt die sterbende Alkestis[117]:
ein Sohn hat an seinem Vater eine starke Schutzwehr (πύργον μέ-
γαν): desselben Ausdrucks bedient sich Medea, um den von ihr er-
sehnten Zufluchtsort zu bezeichnen (vergl. das lat. praesidium und
unser „Mauer"), während Elektra dafür das Wort „Brustwehr"
(σωτηρίας ἐπαλξίν) setzt[118]. Dahin gehört ferner, — von Sachen —
die Beschreibung der Kleiderkiste der Alkestis als κέδρινοι δόμοι,
„das Gehäuse aus Cedernholz"[119]. Am lehrreichsten sind indessen
die in einzelnen Fällen auf Verhältnisse des Menschenlebens
übertragenen architektonischen Details. Im Kyklopen spricht Odysseus von der Schwelle der Gefahr, die er eben betreten hat, in
den Troaden bezeichnet Hekabe das ihr gefallene Loos als die Zinne
(Spitze) ihrer Leiden: in der Alkestis wünscht der Chor die Kraft
zu besitzen, die verstorbene Gattin Admets aus Hades' Behausung
(τέραμνον) zurückzubringen: ja, im Kyklopen wird der Urheber eines
Anschlags der Baumeister genannt[120]. Sogar Himmelskörper und
Himmelsräume werden mit künstlich hergestellten Dingen verglichen:
wie z. B. sowohl im Phaeton als in dem von der tiefsten Empfindung zeugenden Chor in Orestes über den Tod — allerdings mit Be-
zug auf Anaxagoras' Theorie — die goldene Erdscholle (χρυσέα βῶ-
λος) heisst[121], oder wie στυχή (Falte, Schlucht) gebraucht wird, um
die entferntesten, dem menschlichen Auge sich entziehenden Regio-
nen des Firmaments zu bezeichnen[122]. —

Diese Geistesrichtung offenbart sich auch in dem Gebrauch von
solchen Verben wie τυρσόω, deren Entstehung zum Theil auf Rech-
nung der Vorgänger zu setzen ist[123].

In das Gebiet des Handwerks gehören zwei sehr treffende
Gleichnisse, deren eines — im Kyklopen — auf Homer zurückgeht,
während das andere, welches sich in einem umfangreichen Fragment
des Erechtheus findet, Eigenthum des Dichters zu sein scheint[124].
Beginnen wir mit dem letzteren. Da wird der autochthone Character des attischen Volks gepriesen und im Gegensatz dazu die
Gründung fremder Städte mit den Zufälligkeiten des Brettspiels verglichen. So sei auch derjenige, welcher von einer Stadt kommend
sich in einer anderen Stadt niederlässt, einer schlechten Fuge
in einem Stück Holz vergleichbar. Die andere Stelle schliesst
sich, wie bemerkt, an Homer und zwar an die berühmte, die Vorbereitungen der Griechen zur Blendung des Kyklopen veranschau-
lichenden Worte der Odyssee[125] an:

Wie mit dem Bohrer ein Mann den Balken des Schiffes
Bohrt, und Jene von unten herum ihn dreh'n mit dem Riemen
Fassend an jeglicher Seit', und stetigen Laufs er hineindringt:
Also fasst in das Auge den glühenden Pfahl ihm haltend,
Drehten wir.

Euripides hat dies folgendermassen wiedergegeben:

Gleichwie der Zimmerer, der ein Schiff zusammenfügt,
Den Bohrer tüchtig an den zwei Handhaben dreht,
So dreh' ich meinen Balken um im leuchtenden
Kyklopenauge, bis der Stern vertrocknet ist.

(Donner.)

Plastik. — Für den Einfluss, welchen die kurz vorher voll-
endeten plastischen Denkmäler der Epoche auf die Zeitgenossen
ausübten, legen einige prächtige Gleichnisse vollwichtiges Zeugniss
ab. Die erste Stelle gebührt ohne Zweifel der beredten Beschreibung des Todes der Polyxena. Der von menschlicher Rührung übermannte Talthybios sucht die verzweifelnde Mutter damit zu trösten,
dass er die Würde und Standhaftigkeit hervorhebt, mit der das un-
erfahrene Mädchen in den Tod gegangen ist. Im Augenblick, wo
sie den Todesstreich empfangen sollte, erklärt sie, dass sie nicht
angefasst sein, sondern selbst, ohne Widerstreben, ihren Hals dem
Stahl darbieten wolle: sie gedenke als Freie zu sterben. Da befahl
Agamemnon den Jünglingen, von ihr zu lassen. „Und sobald sie
dieses Wort des Herrschers gehört, ergriff sie ihr Gewand und riss

es von der Schulter bis zur Mitte der Weichen — bis zum Nabel — durch, und zeigte Busen und Brust, so reizend wie die einer Bildsäule"[...]. Dieser ganz unerwartet hineinblitzende Vergleich ist neu, aber bei dem damaligen Bildungsgrade des athenischen Publikums begreiflich und durchaus am Platze. Auch vom künstlerischen Gesichtspunkt ist er unanfechtbar. Während die modernen Künstler, und namentlich die Maler der Jetztzeit, wo der Realismus Meister ist, das Charakteristische bevorzugen und namentlich die höchste Naturtreue bei der Darstellung ihrer jeweiligen Modelle erstreben, erreichten die Bildhauer des perikleischen Zeitalters — ich habe hier vorzugsweise die Giebelgruppen und den Cellenfries des Parthenon im Auge — die höchste Potenzirung der — für uns — idealen Schönheit durch die Wahl der allerschönsten Modelle, die sich überhaupt auftreiben liessen"[...]. Die Weichheit namentlich der weiblichen Formen in den beregten Denkmälern ist dem unablässigen Studium des Nackten zu verdanken, dessen gute Seiten zu jener Zeit noch vorwogen und das schon darum zu einem allgemeineren Gut werden konnte, weil die Griechen bei Festzügen u. dergl. häufig Gelegenheit hatten, nackte Frauenarme und -beine zu sehen"[...]. Die in dieser Beziehung so unübertreffliche Kunst wirkte natürlich auf die Anschauungen und das Beobachtungsvermögen der Menge zurück. Die hier behandelte Stelle erinnert mich, so oft ich sie lese, unwillkürlich an das ziemlich gleichzeitige Relief von Phigalia, wo der plötzlich entblöszte Leib der Hippodameia"[...] auf jeden Beschauer den Eindruck macht, den die Athener bei der ersten Anhörung dieser plastischen Beschreibung empfunden haben müssen.

Hiermit ist das Gefühl verwandt, welches nach Euripides' Beschreibung der auf seinen Reisen begriffene Perseus empfindet, er sieht von fern seine künftige Braut, die an den Fels geschmiedete und wie mit diesem verwachsene Andromeda, und bricht unwillkürlich in folgende Worte aus"[...]:

> Ha, welchen hohen Felsen sieht mein Auge hier
> Vom Meerschaum umflossen? Einer Jungfrau Bild,
> Das aus der nackten Felsenwand gehauen ist,
> Ein Kunstwerk von geschickter Hand.

Perseus erwartet also, nicht Fleisch und Blut, sondern ein Kunstwerk (ἄγαλμα) vorzufinden — die erste Empfindung dieses euripideischen Menschen beim Anblick eines ungewöhnlichen Gegenstandes ist also der Gedanke an die schaffende Hand des Künstlers!"[...]

Soweit die Anwendung des Begriffs (ἄγαλμα) in gutem Sinne. Dass derselbe jedoch zuweilen in malam partem, mit einer Beimischung von Verachtung gebraucht wurde, kann ebenfalls aus Euripides erhärtet werden. In der berühmten Rede, die von allen möglichen Anklagen wider das weibliche Geschlecht strotzt, macht Hippolyt auch geltend: Wer eine Frau — dies unheilvolle Geschöpf — zu sich in's Haus genommen hat, erfreut sich an ihr, indem er diesen schlechtesten ἄγαλμα (Bild, wir würden sagen "Puppe", — die beiden Begriffe sind verwandt, vgl. den verschiedenen Gebrauch von κόρη) mit dem schönsten Schmucke umhüllt und mit Kleidern ausputzt"[...].

Sehr bedeutungsvoll ist dann noch die Rolle, welche im perikleischen Zeitalter die Kunst als Trösterin der Menschen spielt. Diese Seite derselben hat Euripides in der Alkestis ausgeführt, indem Admet sich vornimmt, von geschickter Künstlerhand ein Abbild seiner geliebten Gattin herstellen zu lassen, das er dann in das eheliche Lager legen und — ein schwacher Trost! (wie er selbst sagt) — als seine lebende Gattin in seine Arme schliessen will"[...]. Der Gedanke ist zwar im Keime schon bei Aeschylos vorhanden, aber in dieser Fassung neu und wiederum einer Zeit angemessen, in der sich die ersten schüchternen Versuche auf dem Gebiet der Portraitbildnerei regen"[...]. Der Wunsch, die Verwandten nach dem Tode in getreuen Nachbildungen zu besitzen, musste in einer solchen Epoche hervortreten und mag durch unsere Stelle erheblich verstärkt worden sein. Interessant ist ferner der hier durchgeführte Gegensatz zwischen den musischen und bildenden Künsten. Admet erklärt, Gesang und Leierspiel könne ihn nicht mehr trösten, — "denn du hast meinem Leben die Freude benommen", — dagegen erwarte er von der Herstellung der liegenden Gestalt eine, wenn auch unbedeutende, Linderung seiner Schmerzen. Was die erwähnte Abhängigkeit von Tode anbelangt, so hat auch hier Euripides wieder gezeigt, wie geschickt er eine hingeworfene Andeutung zu benutzen und auszuführen versteht. Ich habe hier die Stelle des Agamemnon"[...] im Auge, wo der Dichter des schwachen Trostes gedenkt, den Menelaos aus der Betrachtung schöngestalteter Bilder (d. h. in der die Dinge nur andeutenden Sprache des Aeschylos der Nachbildung seiner geliebten, ihm geraubten Helena — sehr bedeutsam ist ihre Bezeichnung als εὔμορφοι κολοσσοί) zu schöpfen vermag. Aber während Menelaos diese Bilder bereits besasz, ehe er seinen Verlust erlitt, denkt Admet an die Herstellung eines Bildes

mit der ganz bestimmten Erwartung eines dadurch ermöglichten Trostes. Auch diese Aenderung einer bekannten Stelle eines Vorgän-
gers lässt bei seinem Publikum neue Gedanken über den Werth der
Portraitbildnerei aufkommen.

Von einzelnen Wendungen gehört noch hieher die plastische
Umschreibung τοὐμὸν δέμας (Hel. 1562 sogar ταὐμαιον δέμας), die
Euripides zwar von seinen Vorgängern, namentlich von Sophokles
überkommen, aber besonders häufig wiederholt hat[179]); sodann das
Adjectiv καλλίμορφος[180]) und die (bereits S. 24 angeführte) Beziehung
auf die Aegis der Pallas Ion 1423: αἰγίδος; τρόπον.

Malerei. — In der Helena[181]) beklagt die Heldin die Umstände ihrer Geburt und ihre Schönheit, die sie folgendermassen als
eine Hauptquelle ihres Unglücks bezeichnet:

> Geliebte Frauen, welches Loos umstrickte mich?
> Gebar zum Graun der Menschen nicht die Mutter mich?
> Denn Graun ist mein Leben, Graun mein Erdenloos,
> Und Here's Groll und meine Schönheit trägt die Schuld.
> O könnt' ich wieder, einem Bilde gleich, verwischt,
> Anstatt der Schönheit hässlichere Gestalt empfahn.
>
> *(Donner.)*

Dieses Auslöschen bereits aufgetragener Farben war einem
Manne, der in seiner Jugend selbst Malerei getrieben hatte, ein ge-
läufiger Begriff[182]). Von allgemeiner Bedeutung ist das zweite der
Malerei entnommene Gleichnis. In der bereits (S. 32) angeführten
Rede der Hekabe wird Agamemnon aufgefordert, wie ein Maler,
der von einer gewissen Entfernung mit prüfendem Auge sein
Gemälde überblickt. das Bild ihrer namenlosen Leiden in
sich aufzunehmen[183]).

Von grosser Bedeutung sind dann die häufig wiederkehrenden
Hinweisungen auf die Gorgo, die als das Symbol eines schrecken-
erregenden und verabscheuenswürdigen Gegenstandes aufgefasst wird.
So sagt Iokaste zu dem von seinem Bruder sich widerwillig abwen-
denden Eteokles[184]), derselbe sei kein abgekehltes Gorgonenhaupt,
sondern sein Bruder; ganz ähnlich reicht Admet seiner von den
Todten auferstandenen Frau, die er noch nicht erkennt, —
„wie einem abgeschnittenen Gorgonenhaupt" — die Hand[185]). Der
malerische Sinn des Dichters verband sich hier auf eine sehr geschickte Weise mit der glücklichen Einsicht, dass gerade dieses Bild
von der Gorgo. welche auf Schilden, sowie namentlich auf Vasen

zum Ueberdruss wiederholt war[186]), dem weniger gebildeten Publikum geläufig und verständlich war.

Indem wir, des Raumes halber, kleinere Details in die Anmerkungen verweisen[187]), wollen wir hier, am Schlusse dieser Erörterung
angelangt, noch die bisherigen Ergebnisse zusammenfassen und die
gemachten Erfahrungen benutzen, um die Stellung des Dichters gegenüber seinen Vorgängern, mit besonderer Rücksicht auf Sophokles,
noch einmal scharf zu bezeichnen.

Euripides' Bestimmung war die Darstellung einer Zeit, die sich
in ihren Aufgaben, Bestrebungen und Idealen von der unmittelbar
vorhergehenden Epoche (480—450) sehr erheblich unterschied. Er
nahm es auf sich, der Sprecher dieser Zeit zu sein, die trotz ihrer
Mängel seine Lebensluft, seine Lust und Freude war. Diese Wahr-
heiten sind unbestritten und längst unveräusserliches Eigenthum
aller stimmfähigen Litteraturgeschichten[188]). Und doch wendet man
sich noch immer gegen die Mittel, deren Euripides sich bediente,
musste, um seine hohe Aufgabe zu erfüllen[189]). Man übersieht, dass
die grössere Naturwahrheit seiner Schilderungen mit den idealsten
Ansichten über unsere Bestimmung und unsere Lebensaufgaben ver-
einbar ist. Seine Idealität leuchtet aus seinen Chorliedern, wie aus
seiner Freude an Schönen, in welcher Gestalt es auch erscheinen
mag, hervor. Dass die Fleischwerdung des Ideals, wie dieselbe sich
am Parthenon, an den Propyläen, am Erechtheum u. s. w. vollzog,
zu einer umfassenden Berücksichtigung der Wirklichkeit aufforderte,
ist natürlich. Ueberhaupt erleichterte die Fülle von Schönheit, die
die Athener umgab, denselben die Aufsuchung und Würdigung ihrer
versteckteren Aeusserungen; dadurch wurde der Blick geschärft und
das ästhetische Urtheil verfeinert. Euripides ist also der Vertreter
einer Zeitrichtung, die im Gegensatz zum Princip der vorhergehenden Periode, vorzugsweise durch eine Kunst — nämlich das Drama —
zu wirken und wirken zu lassen, sich bestrebt, die Schönheit aus jeder
Hervorbringung der Natur und Kunst zu extrahiren und dieselbe im Interesse der Selbstvollendung zu verwerthen. Diesem Streben den nöthi-
gen Stoff zuzuführen, hatte Perikles als seine Aufgabe erkannt; Euripides ist sein Dollmetsch und der Erbe seines Geistes. Seine Universalität befähigt ihn zur Erfassung der Wichtigkeit der bildenden Kunst
und seine Werke legen Zeugnis ab, wie er dieselbe zu verwerthen
weiss. Er weist der bildenden Kunst einen organischen Platz in
der Tragödie ein, wie Perikles derselben einen solchen im Leben
eingeräumt hatte. Und darum ist Euripides, und nicht Sophokles,

der eigentliche Vertreter des perikleischen Zeitalters. In politischer Hinsicht lässt man dasselbe mit 429 oder gar schon 431 sein Ende erreichen; aber auf geistigem Gebiete dauert es weit länger. Trotz des Vorhandenseins der schönsten Denkmäler der Kunst drang das Verständnis ihres Gehalts nicht sofort in die untersten Schichten der Bevölkerung ein; was Perikles und seine Freunde um 450 fühlten, wurde erst in der zweiten Hälfte des peloponnesischen Krieges allgemeines Gut. Somit wurde die Ausschmückung der Stadt in einer Generation vollbracht; die Früchte derselben wurden von einer andern gepflückt. Erstere hängt an Sophokles, die letztere an Euripides.

Dass die von Jung und Alt, von Hoch und Niedrig empfundene Herrlichkeit der Zeit manche Schwächen des Volkscharakters übersehen und auch den Geschmack an der Politik zu sehr hervortreten liess, liegt auf der Hand. Auch zur Darstellung dieser Seite des attischen Lebens war unser Dichter berufen. Die mannigfachen Anspielungen auf die Zeitgeschichte und die politischen Einrichtungen seines Vaterlandes hängen indessen mit einer anderen Eigenthümlichkeit dieses umfassenden Geistes zusammen. Euripides erlöste das Drama von der ausschliesslichen Herrschaft der zuweilen sehr bocksteifen griechischen Mythologie und suchte überhaupt den Gesichtskreis seiner Helden wie seines Publikums zu erweitern. So wirft er mannigfache Seitenblicke auf Sparta und Argos und durchbricht die starre Abgeschlossenheit des Griechentums durch Hinweisungen auf den Orient[140].

Die geringe Anzahl der von Euripides bei seinen Lebzeiten errungenen Siege kann für uns nicht maassgebend sein, da das Urtheil der Nachwelt über den Werth oder Unwerth eines Schriftstellers von den Entscheidungen befangener zeitgenössischer Kunstrichter unabhängig sein muss. Hören wir doch, dass selbst ein Stück des Sophokles, dessen scenischer Aufbau von jeher mit Recht als ein Muster dramatischer Kunst gepriesen worden ist, den ersten Preis nicht erhielt[141]. Der Mangel an officieller Anerkennung wird durch die ungeheure Popularität bei Mit- und Nachwelt reichlich aufgewogen. Mehrere Tragiker, darunter Theodektes, ahmten ihn nach und waren, was Stil und Auffassung des Lebens anbelangt, seine geistigen Kinder[142].

Dass Euripides' Stil gewisse Mängel verräth, kann keinem Kenner des Dichters entgehen. Dahin rechne ich namentlich die häufige Wiederholung gewisser conventioneller Redensarten[143] und

die Nachlässigkeit der Behandlung gegen das Ende einiger Stücke. Diese Mängel fallen uns zum Theil nur darum so sehr auf, weil sich von Euripides viel mehr erhalten hat, als von seinen Vorgängern. Hätten wir z. B. nur die folgenden sieben Stücke: Helena, Hippolyt, Ion, Kyklops, Iphigenia in Tauris, Medea und Phönissen, so würde das (in Folge der Schlegel'schen Angriffe) jetzt noch ziemlich verbreitete Urtheil über den Dichter ganz anders lauten. Von Aeschylos und Sophokles hat sich nichts Mittelmässiges erhalten, von Euripides Manches, was schon im Altertum als weniger bedeutend bezeichnet wurde[144]. Dieser Umstand hat unserem Dichter, von dem Werke wie die Audromeda[145] und die Antiope unglücklicherweise verloren gegangen sind, ungemein geschadet. Was schliesslich noch die häufige Anwendung gewisser herkömmlicher Redensarten anbelangt, so ist zu erinnern, dass die attische Umgangssprache allenthalben so unaufhaltsam vordrang, dass selbst Sophokles ihr einige Concessionen machen musste[146]. Auch ist die Tragödie dem allgemeinen Schicksal der poetischen Litteratur der Griechen unterworfen; der Sinn für die Form wurde zum Formalismus und da die Mache allmählig zu gut wurde[147], drängten sich untergeordnete Kräfte heran, die mit fremdem Gut schalteten und die Kunst herunterbrachten. So haben die Nachfolger des Euripides die letzten Kykliker den sprudelnden Born der epischen Poesie verschütteten.

Die klare Erkenntnis kleiner Schwächen kann jedoch unsere Hochachtung vor einem Geiste nicht vermindern, dessen Werke der getreueste Abdruck einer Zeit sind, die in der harmonischen Entfaltung aller Kräfte in der Weltgeschichte unerreicht dasteht.

V.

Im Verlaufe der bisherigen Betrachtungen haben wir schon mehrmals Gelegenheit gehabt, auf einen Gegensatz zwischen Sophokles und Euripides hinzuweisen, der nicht blos ihre Weltanschauung und ihre Auffassung der Aufgaben des Menschenlebens betrifft, sondern sich auch auf die Wahl der Stoffe und die Verwerthung derselben für die Bühne erstreckt. Beide Dichter schöpfen aus derselben gemeinsamen Quelle, der griechischen Mythologie; aber während Sophokles sich noch eng an die Gedichte des epischen Cyclus anschliesst und in Folge dessen eine Menge Stoffe verwerthet, die bei Aeschylos noch nicht zu ihrem Rechte gekommen waren, sucht Euripides sich von diesem Vorstellungskreise zu emancipiren und sieht sich nach Mythen um, die sowohl das Epos als das Drama bisher vernachlässigt oder sehr unvollständig zur Darstellung gebracht hatte, die sich aber für dramatische Behandlung, wenigstens in seinem Sinne, sehr empfahlen [...]. Dieses zunächst rein äusserliche Verhältnis zur epischen Poesie ist eine Folge der geistigen Verschiedenheit der beiden Männer. Die erste Frage, die Sophokles sich stellte, wenn es sich um die Wahl eines Stoffes für ein neues Drama handelte, war, ob die darin zur Uebernahme der Hauptrollen berufenen Gestalten mit seinen — unverrückbaren — Begriffen von der Aufgabe der Tragödie in Einklang zu bringen seien. Diese von ihm festgehaltene Aufgabe bestand, wie wir bereits angedeutet haben, in der Schöpfung idealer Charaktere, die, falls sie zum Guten hinneigen, auf ein hohes Postament gestellt und dem verwirrenden Treiben der Wirklichkeit entrückt sind; falls

sie zum Bösen hinneigen, doch menschlichen Anwandlungen zugänglich sind und selbst im Verbrechen sich stets einen gewissen inneren Halt bewahren [...]. Dadurch soll der Werth der Mässigung hervorgehoben und zugleich eine Richtschnur für's Leben gegeben werden. Euripides denkt anders. Für ihn ist bei der Zeichnung der Charaktere nicht eine bestimmte Theorie über die Tragödie, sondern die Tragödie, die Kunst selbst, die Hauptsache. Sein erster Gesichtspunkt bei der Wahl der Stoffe ist, wenigstens in späteren Jahren, das pathologische Interesse, das ein bis dahin vernachlässigter oder, nach seiner Meinung unvollständig behandelter Mythus bietet, er fragt sich, ob demselben tiefere Bezüge, stärkere Gefühle und Leidenschaften zu entlocken sind — und fällt die Antwort bejahend aus, so wird der Mythus zur Unterlage einer Tragödie gemacht. Betrachten wir von diesem Gesichtspunkt die bedeutendsten Conceptionen beider Dichter, so finden wir, dass Sophokles selbst bei der Behandlung der Stoffe, die — wie die Antigone — zu der Entfaltung grösserer Leidenschaft einluden und sogar von demjenigen, dem er die erste Anregung verdankte [...], ausdrücklich dazu bestimmt waren, Alles in eine glückliche Mitte zu rücken weiss und die Abklärung der Gefühle als das Höchste hinstellt. So ist auch im Oedipus König der früher starrsinnige, nun vom Unglück getroffene Herrscher zuletzt weichherzig und mild; während in den Trachinierinnen das Verhalten der Deianira ihrer Nebenbuhlerin gegenüber nicht dem Leben abgelauscht ist, sondern dem Reich des Ideals angehört. Dagegen hat Euripides zuerst die Leidenschaft des Weibes entfesselt und Gestalten geschaffen, die uns um so näher stehen, als wir mit vollem Bewusstsein fühlen, wie wahr sie sind und welch unübertreffliche Kenntnis des Herzens der Dichter besass. Hier sind alle Stimmungen vertreten: leidenschaftliche Eifersucht und Rachsucht (Medea); rührende Hingabe und Gattenliebe (Alkestis); verbrecherische Leidenschaft (Kanake und Stheneböa); romantische, bräutliche Liebe (Andromeda, Antigone und Iphigenia); weiblicher Wahnsinn (Agave); Schlauheit (Helena, Iphigenia). Sophokles tritt aus seinem Kreise nur dann heraus, wenn der Mythus die schärfere Betonung einer Charaktereigentümlichkeit zu fordern scheint; Euripides lebt in diesen Charaktereigentümlichkeiten und lässt da, wo er es der dramatischen Wirkung halber muss, alle Mitteltöne im verzehrenden Feuer der Leidenschaft verschwinden. Wenn hier ein Vergleich mit der bildenden Kunst der Zeit gestattet ist, so möchte ich sagen: Sophokles'

4*

Schilderungen verhalten sich zu denjenigen des Euripides wie der Celleufries des Parthenon zu dem von Phigalia; hier edle Ruhe, dort pulsirendes Leben; hier abgewogene Stimmung, dort entfesselte Leidenschaft. Während der Fries des Parthenon durchweg plastisch ist, ist der von Phigalia von einem malerischen Element durchzogen [***]. Dagegen verhalten sich die dramatischen Scenen beider Dichter zu einander, wie eine in sich abgeschlossene Einzelstatue und eine Gruppe.

Diese Hinneigung zum Malerischen kommt übrigens nicht blos in wildbewegten Scenen, sondern auch bei Naturschilderungen zum Durchbruch. Euripides sieht fast die ganze äussere Natur mit dem Auge des Malers an. Grössere Scenen werden zu malerischen Gruppen, Einzelfiguren mit Epitheta versehen, die den Farbensinn des Dichters in das hellste Licht setzen. Zur ersten Classe gehören z. B. die prachtvollen Schilderungen in den Baccben [***]; zur zweiten die scharfe Bezeichnung der äusseren Erscheinung mittelst solcher Adjectiva wie λευϰός, ϰάλλευϰος, μελάνδετος, μελάμπεπλος, χρυσέος u. dergl. [***] In der Helena [***] schiesst Zeus als schneeweisser Schwan durch die blaue Luft; im Ion [***] hebt der Chor den weissen Fuss, um das Heiligtum des Gottes zu betreten.

Diese neue Richtung der Tragödie konnte nicht ohne Einfluss auf die bildende Kunst bleiben. Die so lange vom Epos abhängig gewesenen Künstler erkannten allmälig die Wichtigkeit des Dramas und vor allen Dingen die Verwerthbarkeit der euripideischen Tragödie. Da dieselbe einerseits mittelst der stärksten Potenzirung der menschlichen Leidenschaften, andererseits mittelst überraschender Situationen, malerischer Gruppen u. s. w. wirkte, so musste sie zunächst die Maler [***], aber auch diejenigen Bildhauer beeinflussen, die, wie Skopas, die stille Hoheit und Ruhe der phidias'schen Gestalten aufgaben und dem Marmor leidenschaftliches Leben einhauchten [***]. Indessen war für's Erste der Einfluss auf die Maler der grössere; und so lassen sich bestimmte plastische Nachbildungen euripideischer Gruppen erst in späterer Zeit nachweisen.

Das Vorhandensein dieser Einwirkungen ist längst Eigentum der Wissenschaft [***]; zahlreiche Forscher haben sich mit einzelnen Mythen und Kunstwerken beschäftigt, in denen Euripides' Einfluss sichtbar ist; doch fehlte es bis jetzt an einer übersichtlichen Zusammenstellung ihrer Resultate zum Behufe einer klaren Einsicht in die von dem Dichter ausgehenden Anregungen. Diese Zusammenstellung unternehme ich nun in der Weise, dass ich diejenigen

Mythen namhaft mache, deren Behandlung in der griechischen Kunst auf euripideische Einflüsse zurückweist. Die bedeutendsten Arbeiten, die ich dabei zu Rathe ziehen konnte, sind die von Brunn, Hartung, Jahn, Nauck, Overbeck, Schlie und Welcker [***]; ausserdem lagen mir zahlreiche Monographieen und Artikel in Zeitschriften vor, die ich in den Anmerkungen namhaft machen werde [***].

Aeolos. In dieser Tragödie hatte der Dichter die einfache Erzählung Homers, dass Aeolos seinen Söhnen seine Töchter zu Gemahlinnen gab, in der Weise benutzt, dass er einen blutschänderischen Liebeshandel zwischen Makareus und Kanake zur Grundlage der Exposition machte. Makareus war von unbezwinglicher Liebe zu seiner Schwester ergriffen und verführte sie, worauf ihr der Vater ein Schwert schickte, womit sie sich selbst das Leben nahm. Dieser so recht zum Ausmalen eines tragischen Pathos geeignete Stoff wurde auch von der Kunst verwendet: vgl. darüber Brunn in der Geschichte der griech. Künstler II. S. 172: [Aristides malte „eine wegen der Liebe zu ihrem Bruder Sterbende" [Plinius]], „vielleicht Kanake, die wegen der Liebe zu ihrem Bruder Makareus sich auf Befehl ihres Vaters Aeolos den Tod geben musste. Eine Darstellung der Kanake ist uns wenigstens in einem antiken Kunstwerke erhalten, einem bei Tor Marancio unweit Rom gefundenen, jetzt in der vaticanischen Bibliothek aufgestellten Wandgemälde, in welchem wir sie freilich nicht sterbend, sondern nur mit dem Schwerte in der Hand über ihr Geschick sinnend erblicken: Biondi, monum. amarant. t. 2. Raoul-Rochette peint. inéd. t. 1."

Alexandros. Die Wiedererkennung des Paris findet sich auf zahlreichen etruskischen Aschenkisten abgebildet: in der grundlegenden Forschung über diesen Gegenstand von Schlie [***] sind deren 43 namhaft gemacht. Sie gehen sämmtlich auf das Drama zurück; nur muss man hier weniger an die euripideische, als an die ennianische Tragödie denken, die, wie Schlie scharfsinnig ausgeführt hat, der etruskischen Kunst weit näher lag, als das griechische Original. Die Untersuchung gerade dieses Punktes wird durch den Umstand erschwert, dass auch Sophokles einen Alexandros dichtete, dem Euripides einige Anregungen verdankt haben mag. — Indessen ist anzunehmen, dass die hochdramatische Scene der

Wiedererkennung, wie sie bei Euripides ausgeführt war, auch griechische Künstler zu ähnlichen Compositionen begeistert hat.

Alkestis. Die hingebende Liebe dieser Heldin wurde von der bildenden Kunst durch Darstellungen 1) des Abschiedes der Gatten, 2) des Todes und der Rückführung der Alkestis gefeiert; s. Brunn in Pauly's Real-Encyclopädie I² S. 661 [139]).

Alope. Die Darstellung der Schicksale der von Poseidon zur Mutter gewordenen Tochter Kerkyons hat Welcker an der Vorderseite eines Sarkophags in Villa Pamfili zu Rom erkannt [140]).

Andromache. Die auf die Ermordung des Neoptolemos durch Orestes (s. oben S. 26) bezüglichen Denkmäler haben R. Rochette [141]) und Overbeck besprochen und abgebildet. Dass dieselben auf unsere Tragödie zurückgehen, kann nicht zweifelhaft sein, wenn man bedenkt, dass Euripides der erste war, welcher den Tod des Neoptolemos mit Orestes in Verbindung brachte.

Andromeda. Dieses im Altertum sehr beliebte und durch das Vorhandensein zahlreicher, für die Reconstruction des Ganzen hochwichtiger Fragmente ausgezeichnete Stück enthielt die Erlösung der Andromeda durch Perseus. Im ersten Theil erblickt der letztere die an den Felsen geschmiedete Jungfrau, lässt sich in ein Gespräch mit ihr ein und beschliesst, von dem heimlichen Gedanken an eine künftige eheliche Verbindung bewegt, sie zu befreien. Im zweiten Theil erfolgte dann die Befreiung und Entführung der Geliebten. Dieser Stoff musste die Aufmerksamkeit der Künstler erregen; namentlich empfahl sich der Gegensatz zwischen dem starren Felsen und dem blühenden Leib der bräutlich geschmückten Jungfrau. Dieser Gedanke wurde von zwei Malern, Nikias und Euanthes, aufgegriffen und verwerthet. Ueber den ersteren haben wir nur die kahle Notiz, dass er eine Andromeda malte [142]); weit mehr wissen wir dagegen über das Bild des Euanthes, welches sich nach Achilles Tatius [143]) im Tempel des Zeus Kasios zu Pelusion befand. Dasselbe stellte Andromeda täuschend so dar, als ob sie ein von der Natur aus dem Stein herausgetriebenes Bild wäre. Dadurch wurde der erste nach Euripides von Perseus erhaltene Eindruck (s. oben S. 44) für den Beschauer mit den Forderungen der Wirklichkeit vereinigt. Im Uebrigen ist die Schilderung durchaus rhetorisch und nur auf den Inhalt des Gemäldes gerichtet [144]). Am Längsten hält sich der Schriftsteller bei der Andromeda auf,

deren Liebreiz und Kleidung gepriesen wird. Unten ragt das Ungeheuer mit dem Kopfe über die Oberfläche empor, während der übrige Körper von Wasser bedeckt ist. Zwischen ihm und Andromeda schwebt Perseus herab, nur mit der Chlamys bekleidet, die Kappe auf dem Haupte und an den Füssen beflügelt; in der linken Hand trägt er das als Schild vorgehaltene Gorgonenhaupt, in der rechten das mit einer Sichel verbundene Schwert. — Es erhellt, dass auch dieser Gegensatz zwischen der raschen Bewegung des Perseus und der ruhigen Haltung der resignirt vor sich hinblickenden Andromeda den Künstlern als ein denkbares Motiv erscheinen musste. Von den übrigen sehr zahlreichen, nicht an bestimmte Künstlernamen angeknüpften Darstellungen, für die man jetzt die bequemen Uebersichten von Müller [145]) und Fedde [146]) hat, gehören hieher zunächst mehrere Wiederholungen der beschriebenen Scene; sodann die auf die Befreiung folgende Herabführung von dem Felsen auf mehreren fein empfundenen Reliefs und Wandgemälden; dagegen ist die auf pompejanischen Wandgemälden mehrfach dargestellte Episode, wo das Liebespaar am Wasser sitzt und Perseus seiner Braut das Gorgonenhaupt im Wasser zeigt, nicht aus Euripides' Drama — in dem für ein solches Idyll kein Raum war — entlehnt, sondern ist als eine freie Erfindung der Künstler zu betrachten [147]). Nur ist für unseren Zweck wenigstens das zu entnehmen, dass der eigentümlich gefühlvolle Gesichtsausdruck der Andromeda (bräutliche Verschämtheit, Mus. Borb. XII, 50) mit der das ganze Stück durchziehenden Empfindsamkeit harmonirt, deren Darstellung Euripides anerkanntermassen bezweckte. — Zum Schlusse möchte ich noch auf ein technisches Moment hinweisen: mir scheint, dass die neue Schule der Malerei, der die bildliche Gestaltung des anmuthigen Mythus verdankt wird, in hohem Grade von einem Stoffe angezogen fühlen musste, der die Entfaltung grösserer Naturwahrheit bei der Darstellung der unbelebten Natur, speciell des Pflanzenwuchses begünstigte; denn über dem Hintergrunde dieser Scenen liegt der ganze Zauber und das berauschende Farbenspiel der orientalischen Landschaft. Davon noch später.

Antiope. Nach den Forschungen Welckers [148]) und Hartungs [149]) ist es sicher, dass dieses vom ästhetischen Standpunkte sehr hoch zu stellende Schauspiel sich um die Peinigung der Antiope durch Dirke und die Bestrafung der letzteren durch Amphion und Zethos drehte. Die gewiss in einem der bekannten euripideischen

Botenberichte enthaltene Schilderung dieser furchtbaren Strafe muss von einer Kraft der Leidenschaft erfüllt gewesen sein. die Künstler wie Apollonios und Tauriskos zu der Schöpfung des farnesischen Stiers begeistern konnte. Die Entfesselung der äussersten Wuth, das Malen in den düstersten Farben, wenn es gilt, einen mächtigen Eindruck zu hinterlassen — das sind ja die Eigenschaften gerade unseres Dichters, dessen Kraft in diesem besondern Falle wir, da die Fragmente nicht hinreichen, leider nur ahnen können.

Bacchae. — Das furchtbare Strafgericht, welches der beleidigte Dionysos an Pentheus und den Töchtern des Kadmos vollzog, ist auf zahlreichen antiken Bildwerken (Reliefs und Vasen) dargestellt. Bei dem Versuch einer Zurückführung derselben auf eine bestimmte Tragödie stossen wir zunächst auf den Umstand, dass auch Aeschylos einen Πενθεύς schrieb. Obgleich das Verhältnis dieses Werks zu dem weit jüngeren Stück unseres Dichters nicht mehr mit völliger Sicherheit bestimmt werden kann, so ist es doch wahrscheinlich, dass Euripides sich ziemlich eng an seinen Vorgänger anschloss. Jahn[110] hat hervorgehoben, dass die Uebereinstimmung der übrigen Schriftsteller mit Euripides und unter einander darauf hindeutet, dass auch spätere Behandlungen desselben Gegenstandes keine wesentlichen Veränderungen damit vorgenommen haben. Dieser Mythus gehörte offenbar zu denjenigen, deren Hauptzüge, da sie sehr früh für alle Zeiten festgestellt wurden, sich dem Volksbewusstsein einprägten und somit in einem scharfen Gegensatz zu anderen Sagen standen, die wie die von Iphigenia und Medea, von Euripides — seinen speziellen Zwecken zuliebe — gänzlich umgestaltet wurden. Das schliesst natürlich nicht aus, dass Euripides sich in seinen Bacchen einige Abweichungen von Aeschylos erlaubte, deren Tragweite, wie gesagt, sich nicht mehr ermessen lässt. Nur ist darauf hinzuweisen, dass wo der Künstler direct aus der Tragödie schöpfte, ihm Euripides' Stücke weit näher lagen als die aeschyleische Tragödie oder Trilogie. Bei Aeschylus ist die Zeichnung der Charaktere fast überall skizzenhaft, während Euripides ihre Umrisse mit kräftigen Pinselstrichen ausfüllt. Die durchaus epische Richtung des ersteren, die die Bildung der Trilogie begünstigte, offenbarte sich nicht nur in den dem epischen Cyclus entnommenen Stoffen, sondern auch in denjenigen Tragödien, für die sich in den epischen Hexakammer kein Vorbild vorfand: somit fehlten im Allgemeinen dramatische Motive, namentlich solche, deren Verwerthbarkeit für die Kunst unwillkürlich in die Augen springt. Aeschylus hat einige hochdramatische Scenen[111],

aber sie sind und bleiben Bruchstücke, die erst unter den Händen seiner Nachfolger zu psychologisch wahren Situationen, zu tadellosen Seelengemälden werden. Da nun die aeschylische Trilogie fast nichts bietet, woran sich die Phantasie der Künstler ansetzen konnte, so müssen wir in den Fällen, wo die Kunst offenbar von der Tragödie beeinflusst wird, auf einen jüngeren Kunstgenossen schliessen. Ich habe hier vorzugsweise die grosse Darstellung im unteritalischen Vasenstil im Auge, welche Jahn auf Taf. I seiner Abhandlung [ln. i] „Pentheus und die Mainaden" veröffentlicht hat. Auf der einen [n. c] Seite sieht man den von drei Mänaden angefallenen Pentheus; auf der anderen sitzt Dionysos, von drei Mänaden und einem Satyr umgeben. Der Einfluss der euripideischen Tragödie auf die spätere Vasenmalerei ist bekannt; dagegen darf man auf die kleinen Abweichungen von Euripides — namentlich darin, dass mit Uebergehung des Herabstürzens vom Baume (deren Folgen übrigens andere Denkmäler zeigen. vgl. Jahn Tf. II. b. und III. a. b.) die Flucht des Pentheus die Hauptsache ist — kein grosses Gewicht legen, da die Vasenmalerei nach einem bestimmten Zeitpunkt aufhört, blosse Illustration des Epos oder der Tragödie zu sein[112] und es sich hier im Allgemeinen mehr um die Darstellung der von Euripides so schön durchgeführten Ausartung der — weiblichen — Leidenschaft handelt, deren Gegensatz, die himmlische Ruhe eines sinnigen und in sich geschlossenen Gemüths, uns auf der anderen Seite des Gefässes entgegentritt[113]. — In Betreff der übrigen hieher gehörenden Denkmäler kann ich auf Jahn verweisen.

Auch die berühmte Bacchantin des Skopas scheint auf Euripides zurückzugehen: doch muss ich die Begründung dieser Ansicht einer anderen Gelegenheit vorbehalten.

Danae. Dieser von Sophokles und Euripides benutzte Mythus ist von den bildenden Kunst auffallend vernachlässigt worden[114]. Somit mag es auf den ersten Blick misslich erscheinen, eine der wenigen bisher zum Vorschein gekommenen Kunstdarstellungen an eine bestimmte Tragödie anzuknüpfen. Und doch ist es klar, dass gerade diese Uebereinstimmung im Stoff mit Euripides einzelne Abweichungen von seinen Vorgängern im Gefolge hatte[115]. Diese bestanden in der Vermenschlichung der Sage in dem Sinne, dass die Geburt der Danae Person der Akrisios nicht erst durch das heute Spiel, sondern unmittelbar nach der Geburt desselben kund wurde. Diese Aenderungen führten natürlich zu einer der bei Euripides wohlbekannten, hochpathetischen Schilderungen, nämlich zur

Darstellung der Leiden einer Wöchnerin, sowie der Grausamkeit der unter diesen Umständen erfolgenden Aussetzung der hilflosen Frau mit ihrem Kinde. Eine Beziehung zu diesem der Rhetorik Thür und Thor öffnenden Gesichtspunkten erkenne ich in dem ehemaligen Campana'schen Vasenbild mit der Einschliessung der Heldin, wo der Gegensatz zwischen der kalten Ruhe des Akrisios und der Lebhaftigkeit der die grausame Strafe verdammenden Mutter sehr gut durchgeführt ist[119]).

Hippolytus. Die Sage von Hippolytos und Phädra ist zuerst von Euripides zu der in Altertum und Neuzeit vielbewunderten Liebestragödie ausgebildet worden. Zunächst eignete sich der in Phädra's Brust sich vollziehende Uebergang von der Liebe zum Hass, jenes Hinüberspringen von einer Empfindung zu deren äusserstem Extrem sehr zur Behandlung durch die Kunst, wie ja gerade die Darstellung widerstreitender Gefühle eine Hauptstärke der griechischen Künstler war. Die Ausführung dieses Seelengemäldes liess sich dann sehr gut mit weiteren Scenen verbinden, die entweder mit dem über Hippolyt hereingebrochenen Verhängnis abschlossen, oder unter Weglassung der letzten Scene des Dramas sich auf die Eberjagd des rüstigen Jünglings beschränkten. In beiden Fällen wurde eine ernste Natur zum Nachdenken über den jähen Wechsel des Glücks und die Vergänglichkeit aller Schönheit des Lebens aufgefordert. Es gilt dies namentlich von den im Altertum häufigen Sarkophagreliefs, von denen sich mehrere erhalten haben; so der agrigentiner Sarkophag[117]), der sich durch grosse Vollständigkeit des Stoffes auszeichnet, indem die beiden Langseiten der Empfang des Briefes und die Eberjagd des jungen Helden darstellen, während wir auf den beiden Schmalseiten die von ihren Dienerinnen gestützte und getrötete Phädra, sowie den vom Wagen herabgestürzten Hippolyt wahrnehmen. Eine wunderbare Feinheit der Empfindung waltet in diesem ausgezeichneten Kunstwerk; trotz der Zusammendrängung der Gestalten ist es eines der bedeutendsten Sarkophagreliefs des Altertums und zugleich die klarste Wiedergabe des vorliegenden Mythus. Die Ausführung wie die Bildung der Waffen und die Zeichnung der Thiere, des Ebers und der Hunde, zeugen von der grossen Sorgfalt, welche der Künstler auf sein Werk verwendete. Dabei ist die Uebersichtlichkeit der Darstellungen zu rühmen, die durch die verschiedene Höhe des Reliefs erzielt wird, indem die Hauptfiguren in kräftigem Hochrelief hervortreten, während die Nebenfiguren zurückgedrängt erscheinen.

Die ganze Vorzüglichkeit des agrigentiner Sarkophags wird besonders durch die Vergleichung verwandter Vorstellungen offenbar. Da haben wir z. B. zunächst das Relief im Louvre[118]), das uns links die von ihren Dienerinnen umgebene Phädra, sodann weiter rechts den ihr zuerst bärtigen, in grosser Aufregung befindlichen Hippolyt zeigt, während die rechte Seite der Platte von der Eberjagd des Jünglings eingenommen wird. Von dieser Vorstellung unterscheidet sich das von Gerhard[119]) herausgegebene Sarkophagrelief im Dom zu Capua dadurch, dass die Gestalten der handelnden Personen weniger eng zusammengedrängt sind und somit die Uebersichtlichkeit des Ganzen nicht beeinträchtigt wird. Die Gestalten sind besser gelungen, der Eber ist ein grosses mächtiges Thier, auch ist Hippolyt hier von Phädra abgekehrt[120]). Soweit im Wesentlichen der directe — bestimmt nachweisbare — Einfluss des Euripides auf die Künstler.

Auch die pompejanische Wandmalerei hat sich mit diesem Gegenstande beschäftigt. Auf einem im J. 1835 entdeckten Bild[121]) erscheint links Hippolyt, mit drei Speeren in der linken Hand und von zwei Jagdhunden begleitet. Er weist den ihm von der Amme überreichten Brief der rechts sitzenden Phädra zurück. Aehnlich ist die Scene auf einem schon länger bekannten Wandgemälde des Museo Borbonico[122]). Rechts steht Hippolyt, nackt, das Gewand über den linken Arm geschlagen, und sieht mit erstaunter Miene vor sich hin. Die Amme, deren Oberkörper fast ganz verloren gegangen ist, berührt mit der rechten Hand seinen Ellbogen. Links sitzt die von gemischten Gefühlen bewegte Phädra; gerade diese Gestalt ist sehr gut gelungen. — Daran kommen noch mehrere ähnliche Darstellungen auf Wandgemälden[123]). Dieselben schliessen sich, wie Schmidt gezeigt hat, der älteren Fassung der Sage an, wonach Phädra selbst dem anwesenden Hippolyt ihre Leidenschaft offenbart.

Sodann ist noch zu erwähnen, dass der dem Ende des 4. Jahrhunderts v. Chr. angehörende Maler Antiphilos einen Hippolytum tauro emisso expavescentem malte[124]), über dessen Verhältnis zu Euripides wir uns später auslassen werden. Nachbildungen dieser Scene scheinen sich auf etruskischen Aschenkisten aus guter Zeit erhalten zu haben[125]).

Dass die Sarkophagreliefs auf Euripides zurückgehen, ist jetzt ziemlich allgemein anerkannt. So ist Leop. Schmidt in einem gehaltreichen Aufsatze[126]) über den agrigentiner Sarkophag und verwandte Darstellungen zu einem ähnlichen Resultat gekommen, wie Jahn in seiner Untersuchung über die Bacchen: nämlich dass man dazu

gedrängt wird. „das erhaltene Stück des Euripides als die auch im
Altertum bekannteste Darstellung der Erklärung zu Grunde zu legen
und für Abweichungen der Denkmäler auch die abweichenden Züge
in anderen Quellen aufzusuchen und zu Hülfe zu nehmen".

Ein Hauptverdienst unseres Dichters — auch dieses hat bereits
Schmidt hervorgehoben — bestand darin, dass er in der zweiten
Bearbeitung den Charakter der Phädra bedeutend verfeinert hatte.
Dadurch wurde der furchtbare innere Kampf dieses Weibes, der nur
die Lösung durch den Tod zulässt, zu einer so passenden Unterlage
für die bildende Kunst: und so werden all' die sie zerreissenden
Gefühle, Schmerz, Scham, Liebe, Verzweiflung mit unleugbarem Ge-
schick in den Denkmälern ausgemalt.

Sodann müssen wir noch auf eine Entdeckung Schmidt's aufmerksam machen, durch welche wir einen überraschenden Einblick
in das Verhältnis der bildenden Kunst zur Mythologie und
Litteratur gewinnen. Schmidt hat nachgewiesen, dass sich in der
späteren Kunst eine eigentümliche Fortbildung der Sage in dem
Sinne findet, dass man die Amme nur als die Ueberbringerin eines
von Phädra geschriebenen Briefes betrachtet[140]. Derselbe wird als
Täfelchen aufgefasst, das dann mit den bei Euripides so sehr betonten litterarischen Beschäftigungen des Jünglings in Beziehung gesetzt
wird. So erscheint auf einem uns erhaltenen Sarkophage[141] nicht
blos die Amme, sondern auch ein auf der anderen Seite des Hippolyt befindlicher Jüngling mit einem Diptychon. Darüber äussert sich,
wie ich glaube abschliessend, Jahn folgendermassen[142]: „Sehr richtig hat nun auch Schmidt darauf hingewiesen, dass das Diptychon
in der Hand des Begleiters wohl durch den von Euripides so stark
hervorgehobenen Zug der litterarischen Bildung des Hippolytos, als
eines wohlerzogenen attischen Jünglings, seine Deutung finden
könne........ Allerdings setzt diese Deutung ein sehr enges An-
schliessen an Euripides voraus, da die ohnehin etwas zugespitzte
Pointe nur verständlich ist, wenn man sich den Hippolytos als
orphisch gebildeten Athener vergegenwärtigt; allein theils ist der
Einfluss der euripideischen Tragödie auf die Vorstellungen der Sarkophagreliefs bekanntlich sehr gross, theils kann man wohl ver-
muthen, dass diese Auffassung auch sonst noch weiter ausgebildet
worden ist."

Eine streng nach der Zeit ihrer Entstehung geordnete Reihenfolge der Motive auf den Kunstwerken lässt sich hier schwerlich
feststellen, vielmehr scheinen die Künstler sich bald an diese, bald

an jene Fassung der Sage angeschlossen zu haben. Was insbesondere
die von mir und Andern beschriebenen Wandgemälde angeht, so ist
es wahrscheinlich, dass namentlich die Rücksicht auf das malerische
Princip der Trennung der Gestalten, wodurch einzig und allein eine
Totalwirkung zu erreichen war, die Maler bestimmte, zu der älteren
Gestaltung der Sage zurückzukehren. Es gibt keinen grösseren
Gegensatz als den zwischen pompejanischen Wandgemälden und
griechisch-römischen Sarkophagreliefs; die ersteren wirken in die
Ferne, augenblicklich schlagend, während der Gehalt der letzteren
nur durch angestrengtes Studium erkannt wird. Auch gibt die
pompejanische Wandmalerei die Mythen oft nur im Auszuge wieder;
das Sarkophagrelief strebt nach möglichster Vollständigkeit. Somit
halte ich es für wahrscheinlich, dass die spätere Bearbeitung des
Euripides von der Kunst zuerst vorgezogen wurde und die angeführten Gemälde eine Reaction gegen dieselbe bezeichnen.

Hecuba. Dieses Stück schliesst mit der symmetrisch com-
ponirten[143] Verhandlung zwischen Hekabe und Polymestor in Agamemnons Gegenwart. Dieselbe gab unserem Dichter Gelegenheit,
die grundverschiedenen Standpunkte der beiden Hauptpersonen allseitig zu beleuchten. So ist der Gegensatz zwischen dem geblendeten
racheschnaubenden Barbarenfürsten und der im Vollgefühl befrie-
digter Rache noch einmal auffahrenden Königswittwe sehr wirksam
durchgeführt. Von den Kunstdarstellungen, zu denen diese hochdramatische Scene auffordern die Mythen die Gemälde, zu der diese hoch-
mälde auf der lukanischen Vase[144], wo „Polymestor, als König der
Thraker, in ausgesprochen und augenfällig orientalisch-barbarischem
Kostüm aus dem durch aufgehängte Räder bezeichneten königlichen
Zelte Agamemnons tritt, — tappend, mit den Händen um sich
langend als Blinder, so dass man von ihm die Worte: .... ὥμοι
ἐγώ, πᾷ βῶ, πᾷ στῶ, πᾷ κέλσω; zu hören meint. Hekabe, als Greisin
auf den Stab gestützt, sie, nach welcher Polymestor sucht, weicht
mit sehr bezeichnender, schon sehr massig vorgetragener Geberde
dem Griffe seiner Hand aus, während das am Boden liegende Schwert
an die gegen Polymestor begangene Gewaltthat der Blendung erinnert.
Eine Gefährtin begleitet die gefangene troische Königin, und sucht
mit dem um ihre Schultern gelegten Arm sie näher an sich zu
ziehen, um sie vor Polymestor zu bewahren. Andererseits steht
Agamemnon durch das Adlerscepter als König bezeichnet und von
einem Gefährten begleitet, als der Vornehmste und Unbetheiligte in
voller Würde und Ruhe da."[145]

Hypsipyle. Auch hier lockte den Dichter ein dramatisch-psychologisches Interesse. Die ersten Abenteuer der gegen Theben ziehenden Helden — das Zusammentreffen mit Hypsipyle im Thale von Nemea, der daraus hervorgehende Tod des kleinen Opheltes und die Spiele zu Ehren des letzteren — waren vom Epos mit grosser Ausführlichkeit behandelt worden. Euripides erkannte darin die fruchtbarsten Keime eines Dramas und gestaltete demgemäss den Stoff in der Weise um, dass er u. A. einen längeren Wortwechsel zwischen Hypsipyle und Eurydike einfügte, dessen Zweck die im schärfsten Gegensatz zu den mütterlichen Gefühlen der untröstlichen Königin stehende Entwickelung der Rechtfertigung der Amme war, wobei noch Amphiaraos zu Gunsten der letzteren sprach. Somit tritt wiederum das epische Element der blossen Kämpfe und Wettspiele zurück, damit das dramatische Interesse, die Freude an der Ausmalung eines solchen Wortkampfs, befriedigt werde. Dieser echt euripideische Gesichtspunkt ist nun — da das Schauspiel verloren ist — in einem prachtvollen, mit Inschriften versehenen Vasenbilde [144] verewigt; Hypsipyle verhandelt mit Eurydike, Amphiaraos steht der ersten bei. Von besonderer Wichtigkeit ist hier der Contrast zwischen dem eifrigen Argumentiren der sich rechtfertigenden Amme und dem stillen Schmerz der gebrochenen und mit gesenktem Kopfe dastehenden Mutter.

Iphigenia in Aulis. Es ist hier am Orte, unsere Ansicht über das Verhältnis des vielgenannten Bildes des Timanthes und der die Opferung der Iphigenia darstellenden Kunstwerke zu dem Schlusse der Tragödie darzulegen. Euripides starb über der Ausführung des Dramas und hinterliess ein Bruchstück, mit dessen Vervollständigung besonders am Ende, sich zahlreiche Interpolatoren der verschiedensten Zeiten beschäftigt haben. Da der Schluss fehlte, so musste zunächst dieser ergänzt werden und so entstand (wahrscheinlich von der Hand des jüngeren Euripides) das Zwiegespräch der Artemis und der Klytaemnestra, aus dem uns Aelian (N. A. VII, 39) die bekannten drittehalb Verse aufbewahrt hat. (Dass diese Verse keiner von Euripides gedichteten Schluss angehören können, ergibt sich aus dem durchweg festgehaltenen Zweck des Dichters, die Griechen in dem Glauben zu lassen, dass Iphigenia wirklich gestorben. Wie der ursprüngliche Dichter diesen Schluss im Einzelnen zu gestalten gedachte, wissen wir nicht; aber mit Sicherheit darf behauptet werden, dass er nicht eine Maschinengöttin auftreten lassen wollte, deren Rede nur an eine einzelne Person gerichtet gewesen wäre; denn selbst da wo eine solche Er-

scheinung zunächst nur der auf der Scene zurückgebliebenen Hauptperson gilt, wie in der Helena und der Iphigenia in Tauris, wird doch ihre Stimme von den bereits sehr weit Entfernten vernommen. Somit war dieses Auftreten der Artemis und die Mittheilung über ihre — im Futur! — beschriebene Dazwischenkunft zur Lösung des Knotens ein ziemlich ungeschickter Versuch des jüngeren Euripides, dem Stück zu einem Schlusse zu verhelfen, den er für die bevorstehende Aufführung brauchte.) — Nun kam ein späterer — christlicher — Fälscher über das wahrscheinlich wieder zum Torso gewordene Stück (der erste unechte Schluss wird verloren gegangen sein) und stellte aus euripideischen Brocken und seiner eigenen armseligen Fabrik einen abscheulichen zweiten Abschluss her, dessen gänzliche Unechtheit jetzt so ziemlich für alle Kritiker ausgemacht ist. Zwar hat man die ersten 27 Verse (1532 — 1558) zu retten gesucht; doch lehrt eine unbefangene Betrachtung, dass diese elend zusammengestoppelte Beschreibung der Vorbereitungen zum Opfer für Euripides viel zu schlecht ist. Somit scheitert jeder Versuch einer Zurückführung des Bildes von Timanthes auf diesen Schluss der Stückes; ja, Hartung hat mit Recht darauf hingewiesen, dass wir die von dem christlichen Fälscher auf Agamemnon bezogenen Worte ὀμμάτων πέπλον προθείς umgekehrt einer Anregung von Seiten eben jenes weltbekannten Gemäldes verdanken haben [145].

Timanthes konnte also nicht von Euripides ausgehen, sondern musste sich, wenn er überhaupt von poetischen Quellen angeregt wurde, an andere Bearbeitungen desselben Gegenstandes halten [146]. Dasselbe gilt von den übrigen Darstellungen, über deren Verhältnis zu Timanthes sehr viel geschrieben worden ist [147]. Nur ist zu bemerken, dass der Einfluss des Euripides auf die Künstler im Allgemeinen so gross war, dass selbst ein unechter — theilweise in euripideischem Geiste gedichteter — Epilog seine Wirkung that. Derselbe wurde als echt hingenommen und, wie die Dazwischenkunft der Hirschkuh, von den Künstlern als Quelle benutzt; dahin gehört das pompejanische Wandgemälde mit dem verhüllten Agamemnon [148] und das Aelians Worte direct illustrirende Vasenbild aus Grossgriechenland [149].

Iphigenia in Tauris. Die Erweiterung des Orestesmythus durch die Expedition zur taurischen Artemis verdankt man bekanntlich dem Euripides, der durch diesen glücklichen Griff in den Stand gesetzt wurde, eine Reihe der dankbarsten Motive und wirkungsvollsten Scenen, wie sie in dieser Verbindung selten vorkommen, zu entwickeln. Diese Motive sind: 1) der Wahnsinn des Orestes und die Unterstützung desselben durch Pylades; 2) die Vorführung der beiden Freunde nebst den Vorbereitungen zur Opferung; 3) das Gespräch und die Erkennung der beiden Geschwister; 4) die Flucht mit dem Götterbilde und die Einschiffung. Diese Scenen sind sämmtlich auf zahlreichen alten Denkmälern nachweisbar. Indem wir uns der bequemen Zusammenstellung von Overbeck[186]) bedienen, machen wir zunächst auf eine Verschiedenheit der Quellen dieser Kunstwerke aufmerksam. Nicht alle gehen direct auf Euripides zurück; unser Dichter hat unzweifelhaft den ersten Anstoss gegeben, aber auch andere litterarische Bearbeitungen veranlasst, die in einzelnen Punkten von ihm abwichen und über ihn hinausgingen. So hatte der Tragiker Polyeidos[187]) den ihm vorliegenden Entwurf der Erkennungsscene durch den feinen Zug erweitert, dass Orestes erst durch seinen lauten Ruf: „So soll ich denn geopfert werden, wie meine Schwester es ward!" das Denouement herbeiführte. Sodann ist für einige späte Darstellungen auf Sarkophagen offenbar eine andere Quelle als Euripides massgebend. Auch sind die Darstellungen häufig so allgemein gehalten, als dass man dieselben gerade auf unseren Dichter zurückführen dürfte. Es scheint vielmehr, dass dieser von Euripides so glücklich ausgeführte Mythus sich bald einbürgerte und Griechen und Römern so geläufig wurde, dass viele Künstler sich weniger an bestimmte poetische Quellen, als an ein Durchschnittsmass von Kenntnissen über diese Expedition hielten. Dieses Schicksal theilt der Iphigeniamythus mit vielen andern Sagen; wie z. B. der Mythus von Hippolyt und Phädra wurde auch er bald mythologische Scheidemünze und war somit überall, auf den Brettern wie an Sarkophagen und auf Wandgemälden, willkommen. Wir haben somit den Fall vor uns, dass eine Neuerung des Euripides stärker auf die Litteratur als auf die Kunst einwirkte. Auch gehören viele erhaltene Denkmäler einer verhältnismässig späten Zeit an, so dass wir sehr selten im Stande sind, eines derselben auf unseren Dichter zurückzuführen. Am ehesten ist dies noch bei der buckingham'schen Amphora[188]) und einem pompejanischen Wandgemälde[189]) möglich. Die Amphora stellt die Ueberreichung des Briefes an Pylades dar (Orestes steht etwas entfernt, an ein Badbecken gelehnt), während auf dem pompejanischen Gemälde Iphigenia mit dem Bilde, Orestes und Pylades (in einfacher Haltung) als auf der Flucht begriffen dargestellt sind. Das Gemälde des Timomachos[190]) war wahrscheinlich von Polyeidos abhängig. Die

Gesammtdarstellungen verrathen einige Abweichungen von Euripides[191]); auch sah sich der Künstler häufig gezwungen, mehrere Personen, die in der Poesie nicht zusammen auftreten, zu einer einzigen Scene zu vereinigen[192]).

Medea. — Die meisterhafte Ausmalung der dem Leben abgelauschten Leidenschaft eines verletzten Frauengemüts, das, alle Schranken überspringend, zuletzt zu dem einzigen Mittel greift, das die volle Befriedigung des in seinem Innern kochenden Rachgefühls sichert, musste natürlich den alten Künstlern als ein sehr willkommener Vorwurf erscheinen; und so haben dieselben entweder die sinnende Medea oder mehrere auf einander folgende Scenen der Tragödie dargestellt.

Zu der ersteren Classe gehörte der Maler Timomachos, dessen Medea in dem fürchterlichsten Kampf mit sich selbst begriffen war. Sie hielt das Schwert bereits in der Hand, schwankte aber zwischen den Gefühlen mütterlicher Liebe und der schliesslich alle Bedenken zum Schweigen bringenden Rachsucht. Diesen inneren Kampf verewigen die zahlreichen Epigramme, die sich auf das berühmte Bild beziehen und uns in diesem Falle etwas mehr bieten als sonst. Dass die Kinder zugegen waren, scheint aus einigen Epigrammen hervorzugehen. Auf den von Lukian und Lucilius beschriebenen Gemälden waren sie beigefügt[193]); sodann erscheinen sie, knöchelspielend, auf einem pompejanischen Wandgemälde[194]), das uns ausserdem links den in einer Thüröffnung stehenden, das Spiel der Kinder theilnehmend betrachtenden Pädagogen und rechts die das Schwert fassende, von qualvollen Zweifeln zerrissene Medea zeigt, wobei der unschuldige Gesichtsausdruck der Kleinen mit dem unheimlichen Antlitz der Mutter schön contrastirt; dagegen fehlen sie auf einem zweiten Wandgemälde[195]), wo die Stellung der Medea (sie hat das Haupt leise nach rechts gesenkt und die Hände zusammengelegt, so dass beide das schräg aufsteigende Schwert berühren) denselben furchtbaren Seelenkampf verräth. Beide Gestalten gehen wahrscheinlich[196]) auf Timomachos zurück. Eine zweite Medea wird von einem anderen Künstler der Diadochenperiode, dem Maler Aristolaos, erwähnt[197]).

Daran schliesst sich die Statuengruppe in Arles[198]). Hier hält die wieder unschlüssig gewordene Mutter das fast noch ganz in der Scheide steckende Schwert gefasst, während die beiden Knaben sich mit angstvoller Geberde hinter ihr Gewand verkriechen. Auch hier

erkenne ich einen engen Anschluss an Euripides, bei dem —; wie aus
den Versen 1277 f. hervorgeht[...] — der Mord nicht das Werk eines
Augenblicks ist, sondern erst nach dem zweimaligen — durch eine
vierzeilige Rede des Chors unterbrochenen — Verzweiflungsschrei
der Kleinen sich vollzieht, so dass auch der Dichter ein Schwanken
der Mörderin vorausgesetzt zu haben scheint[...].

Für die übrigen auf unsere Tragödie bezüglichen Bildwerke
liegen jetzt, wenigstens äusserlich, leidliche Uebersichten bei Müller
und Pyl vor[...]. Die Abhandlung des letztern leidet an einigen
Ungenauigkeiten, die in der folgenden Auseinandersetzung berichtigt
werden sollen. Wir zählen hier nur die zusammenfassenden
Darstellungen auf (die an diese sich anschliessenden Einzelscenen
findet der Leser in den Anmerkungen). Publicirt sind zunächst
vier Reliefs, s. Pyl S. 69, dem es indessen entgangen ist, dass
das von S. Bartoli publicirte Relief mit dem jetzt in Paris befindlichen identisch ist. Somit haben wir folgende Reihenfolge:

1) das bei Beger (nach Pighius) abgebildete,
2) das pariser,
3) das mantuaner,
4) das vaticanische Exemplar[...].

Diese vier Reliefs stimmen in allen Hauptpunkten überein. Die
Handlung schreitet von links nach rechts fort: zuerst überbringen
die Kinder der Kreusa die verhängnisvollen Geschenke; dann folgt
der Tod der letztern und die zum Morde der Kleinen sich rüstende
Medea; zuletzt fliegt diese mit den Kinderleichen auf dem Drachenwagen davon. Von diesen Reliefs unterscheiden sich zwei, das
mantuaner und das vaticanische Exemplar, von den übrigen durch
die stärkere Accentuirung der mörderischen Absichten der Medea
(sie hält ein Schwert), sowie durch die Hinzufügung einer Herme;
ausserdem ist das vaticanische Relief noch durch eine weitere Scene
bereichert[...]. Auch sonst finden sich kleine Abweichungen; indessen beweist die Uebereinstimmung im Ganzen, dass diese Compositionen auf ein berühmtes Original zurückgehen[...], das sich, wie
das in den Copieen sichtbar ist, durch geschickte Gruppenbildung
und hohe Entwickelung des geistigen Ausdrucks auszeichnete. Alles
traf hier zusammen, um einen befriedigenden Eindruck zu hinterlassen. Das pariser Exemplar gibt das Original wohl am Treuesten
wieder; wenigstens stimmt der geistige Ausdruck der einzelnen Gestalten so vollkommen zu ihrer Lage und den Handlungen mit denen
sie gerade beschäftigt sind, dass wir dieses Relief sehr hoch stellen

müssen. Ein solches Interesse an der Ausprägung der inneren Gefühle auf dem Gesicht konnte nur ein Dichter wie Euripides er-
wecken; seine von der höchsten Leidenschaft getragene Sprache
forderte förmlich dazu auf; und er hat hier einen dauernden Triumph
gefeiert, indem jeder, der diese Sarkophagreliefs betrachtete, unwillkürlich an seine mächtige Dichtung dachte. Hier sind die verschiedensten Stimmungen vertreten, von dem gedankenvollen Nach-
sinnen bis zu den Qualen des Vaterherzens und dem Gefühle be-
friedigter Rachsucht.

Zu dieser zusammenfassenden Darstellung gehört auch das
schöne Vasenbild von Canosa[...]. Diese figurenreiche, mit mehreren
Inschriften versehene Composition zeigt uns in der Mitte der oberen
Hälfte — und zwar in einer rechteckigen Halle — die in Gegenwart ihres Vaters Kreon unter furchtbaren Schmerzen sterbende
Kreusa[...]. Von beiden Seiten stürzen theilnehmende Verwandte
herbei; links Merope, rechts ein fast nackter, als Hippotes bezeich-
neter Jüngling, der den verhängnisvollen Haarschmuck abzulösen
sucht. Diese symmetrische Composition ist dann noch links und
rechts durch je zwei Figuren eingerahmt, — neben Merope (links)
erscheint ein herbeieilender Pädagog und — seine Eile hemmendes
junges Mädchen, während wir auf der anderen Seite eine würdige
ältere Frau und das (den Uebergang zur unteren Reihe bildende
und mehr zu dieser gehörende) Schattenbild des Aeetes erkennen.
Die Mitte dieser unteren Hälfte wird von dem auf einem Drachenwagen stehenden, eine Fackel schwenkenden Oistros (dem bösen
Geiste, der Medea zur Wahnsinnsthat antreibt) eingenommen. Links
erscheint dann Medea selbst in orientalischem Costüm und im Begriffe, den einen ihrer Söhne mit einem Dolch zu durchbohren, während der andere von seinem Jüngling rasch entfernt wird. Von der
anderen Seite eilt — zu spät — der von einem jüngeren Manne
begleitete Iason herbei. (Die obere Hälfte der oberen Reihe ist
dann noch durch vier Gestalten: Herakles, Athene und die Dios-
kuren ausgefüllt.)

Diese Composition zeichnet sich, wie das pariser Relief, besonders durch den geistigen Ausdruck der Gestalten aus, der soweit
sich das aus Abbildungen entnehmen lässt, so ziemlich das Höchste
erreicht, dessen die griechische Vasenmalerei fähig war. Besonders
gut sind die weiblichen Gestalten gelungen: es ist dies ein allgemeiner Vorzug des unteritalischen Vasenstils, der seine enge Beziehung zur euripideischen Tragödie, die ja auch so enge Beziehung zur weiblichen

5*

Charaktere besonders betont, überall deutlich erkennen lässt. So ist die Darstellung der Kreusa, wie schon Jahn andeutet, die beste Illustration zu den Worten des Dichters (V. 1188—70):

γραῦν γάρ ἀλλάξασα λατρία πέπλων
χωρεῖ τρέμουσα πάλλα καὶ μάλα φθόνει
θρόνοισιν ἱμειμένοιν μή χαμαὶ πεσεῖν.

Während nun diese Mittelgruppe und die Ermordung des Kindes durchaus von Euripides abhängig sind, finden sich dagegen im Uebrigen einzelne Abweichungen, die auf andere Quellen hinweisen: so soll die Flucht des einen Knaben „ausdrücken, dass dieser Sohn in der That ihren (Medeas) Nachstellungen entgangen sei, wie sich denn auch eine solche Sage wirklich erhalten hat"). Dagegen sind der Oestros und das Schattenbild des Aeetes, sowie einige weitere Nebenpersonen, freie Erfindungen des Vasenmalers oder eines anderen Künstlers."")

Oedipus. — Bekanntlich hatte Euripides in dieser Tragödie die Oedipusfabel in der Weise umgestaltet, dass Oedipus sich nicht selbst blendete, sondern von den erzürnten Waffengefährten des Laios des Augenlichts beraubt wurde. Nur auf diese Weise glaubte der Dichter dem etwas abgegriffenen Stoffe, den er auch in mehreren anderen Tragödien zur Unterlage nahm, neue Motive entlocken zu können. Wie das Ganze durchgeführt wurde, ist bei der Beschaffenheit der Fragmente nicht mehr im Einzelnen zu verfolgen; indessen ergibt sich aus der Betrachtung eines auf uns gekommenen Denkmals, dass die etwas kühne Neuerung Ansehen gemacht und auch die Kunst beeinflusst hat. Das in Rede stehende Monument ist eine von Gori"") publicirte etruskische Aschenkiste. Zwei Männer halten einen auf die Kniee gesunkenen jüngeren Mann an den Armen, während ein hinter ihm befindlicher ihn am Haar gefasst hat und ihm das Schwert in die Augen stösst. Links erscheint Kreon und dessen von einer Dienerin unterstützte Gattin Eurydike, rechts stürzt die von zwei Kindern und einer Dienerin begleitetete Iokaste herbei.

Peliades. — Dieses Stück — das erste mit dem Euripides auftrat — behandelte die Rache, welche Medea an Pelias vollzog, weil er ihren Gemahl Iason aus dem väterlichen Hause und der Heimat gestossen hatte. Um die Reconstruction des Ganges der Handlung

hat immer Welcker"") sich namentlich Hartung"") Verdienste erworben, so dass man jetzt über Inhalt und Composition so ziemlich im Klaren ist. „Die eben aus Kolchis zurückgekehrten Argonauten legten das Schiff des Nachts an einer solchen Stelle des Meerbusens vor Anker, wo sie von der Stadt Iolkos aus nicht gesehen werden konnten. Während sie hier auf der Lauer blieben, unternahm es Medea ganz allein, den Pelias für seine an Iason verübte Bosheit zu tödten. Sie verwandelte sich durch ihre Zauberkünste in einen Greis, nahm ein Bild der Hekate auf den Arm, das inwendig hohl und mit Zaubermitteln angefüllt war, und erschien so mit Tagesanbruch in der Stadt, wo sie als Wunderthäter aus dem Hyperboreerlande sogleich den Zulauf und das blinde Vertrauen des Volks, und sodann vor dem Palast auch die Aufmerksamkeit des königlichen Hauses erregte. Hier nahm das Stück seinen Anfang, indem das Volk den Chor bildete. Der König und seine Töchter liessen sich durch ihre Reden wie durch ihre Handlungen überzeugen, dass der Zauberer zu ihnen, als ganz besonders frommen Leuten, vom Himmel gesandt sei, um sie völlig glücklich zu machen: und der Anfang dieses Glückes sollte darin bestehen, dass der alte Pelias wieder jung gemacht würde. Dass das möglich sei, erkannten sie daran, dass Medea sich selbst aus einem alten runzlichen Mann in ein schönes junges Weib umgestaltete, und dass sie vor den Augen der Töchter ihren kostbaren Widder, das Symbol der Wohlfahrt und des Glücks ihres Hauses, zerstückelte, kochte und sodann verjüngt aus dem Kessel hervorgehen liess. Dasselbe thaten dann die Töchter ihrem Vater. Während dem stieg Medea auf das Dach des Palastes mit dem Vorgeben, dass sie dort zum Monde beten müsse, um die Verwandlung zu bewerkstelligen: denn es war bereits die Nacht herangezogen. Statt dessen gab sie den Argonauten das Feuerzeichen und that Gebete für das Gelingen des Planes. Die Argonauten überrumpelten die Stadt und die Königsburg, tödteten was feindlich war, bemächtigten sich der noch auf die Wiederbelebung ihres Vaters hoffenden Königstöchter und vermählten sie an einzelne unter ihnen selbst."")

Die Zurückführung der diesen Mythus darstellenden Kunstwerke auf die euripideische Tragödie wird durch mehrere Umstände erschwert. 1) Behandelte Sophokles denselben Stoff in seinen „Wurzelgräberinnen". 2) Da das Stück in die Jugendzeit des Euripides gehört, können wir kaum annehmen, dass der Dichter sich schon hier jenem Streben nach Veränderung der Mythen im Interesse dra-

matischer Gestaltung mit der Entschiedenheit, die er später entwickelte, übernommen habe; 3) gehört die Sage zu denjenigen, über
die sich früh ein gewisses Mass von Wissen verbreitet hatte; wie
die Iphigeniensage wurde auch dieser Mythus bald populär und dem-
nach von der Kunst häufig als Vorwurf benutzt. So findet sich die
sich zu Erzählungen und Ammenmährchen sehr eignende Geschichte von
dem im Kessel gekochten (und später als munteres Lamm hinaus-
springenden) Widder bereits auf mehreren schwarzfigurigen Vasen
dargestellt[100]). Auch in der späteren Kunst ist er verhältnismässig
häufig vertreten[101]). Trotz dieser unläugbar vorliegenden Schwierigkeiten halte ich es doch für wahrscheinlich, dass die bildende Kunst
gerade Euripides etwas verdankt; so z. B. die Darstellung des
Zögerns einiger Schwestern bei der Aufforderung der unheimlichen
Zauberin, wie dasselbe in den gedankenvollen Gestalten des schönen
lateranensischen Reliefs und der Hamilton'schen Vase zum Ausdruck
kommt[102]); auch die reizende Gestalt der naiv-kindlich abmahnenden
Alkestis (der einzigen unter den Töchtern, die sich der beabsich-
tigten Tödtung widersetzte) auf der Schale des gregorianischen Mu-
seums[103]) ist wahrscheinlich dem Euripides entnommen. Jedenfalls
hat die Tragödie einen bedeutenden Einfluss auf die Kunst ausgeübt; denn auch hier ist der Gegensatz zwischen den alten, nur
das stoffliche Interesse befriedigenden Darstellungen der Verjün-
gung des Widders und den die Durcharbeitung der schönen psychologischen Motive des Mythus bezweckenden späteren Compositionen
offenbar.

Sthenoboea. — Nachdem Bellerophon das ihm von König
Iobates zugewiesene Abenteuer glücklich überstanden und sich mit
dessen Tochter verlobt hatte, kehrte er ruhmbedeckt nach Tirynth
mit der Absicht zurück, sich an Prötos und Sthenoboea zu rächen.
Mit seiner Ankunft daselbst hub das Stück an. Auf einen von ihm
selbst gesprochenen Prolog, in dem die Zuhörer die Einzelheiten der
in Lykien vollbrachten Thaten erfuhren, folgte wahrscheinlich unmittelbar eine längere Unterredung mit Prötos, dem der Pegasos-
ritter seine Absicht mittheilte, ihn sammt seinem Weibe davon-
zutragen, so dass dieser sich auf den Altar flüchtete. Später erschien
Sthenoboea selbst; sie höchlich erstaunt, den todtgeglaubten Helden, dem sie so schweres Unrecht zugefügt, wiederzusehen und in
ihrem Herzen regt sich die alte Liebe. Aber Bellerophon, der, wie
Welcker treffend bemerkt hat, ein eigens ihm übertragenes Straf-

richteramt zu verwalten glaubt, lässt sich nicht irre machen; trotz
der offenkundigen Umkehr der Fürstin beschliesst er dieselbe mit-
zunehmen und sie auf der Flucht über's Meer vom Pegasos hinab-
zustürzen. Die Reise geht vor sich und Sthenoboea kommt bei Melos
in den Fluten um. Nach dieser That kehrte Bellerophon zu Prötos
zurück und hielt dem unglücklichen, inzwischen in den Besitz der
Leiche gelangten König eine zweite Strafrede. Dies die Hauptzüge
der Tragödie, wie sie von Welcker[104]) reconstruirt worden ist. Also
auch hier die Möglichkeit der Entwickelung der verschiedensten
psychologischen Motive, von denen die wieder erwachende Liebe der
Fürstin zu dem stattlichen jungen Helden und vielleicht auch der
innere Kampf des Bellerophon als die wirksamsten hervortraten.
Dass diese Motive auch von den griechischen Künstlern gewürdigt
wurden, beweisen einige auf uns gekommene Vasenbilder mit Scenen
aus der Tragödie. Das eine[105]) stellt das Wiedersehen der Sthenoboea
und des Bellerophon dar: letzterer tritt frank und frei vor die
schuldbewusste Fürstin, die von gemischten Gefühlen bewegt, beide
Arme erhebt; hinter Bellerophon sieht man einen kleinen Eros, der
Sthenoboea scharf anblickt und den Liebespfeil auf sie abdrückt.
Das andere Vasenbild[106]) ist polychrom und gehört dem Marchese
Rinuccini. „Bellerophon hat auf dem Pegasos die Liebende ent-
führt, um seine Tugend noch höher als die alte Fabel that zu
treiben, die Liebe zu ihm zu strafen mit Ersäufen, der alten Strafe
untreuer Weiber; kopfüber ist sie schon hinabgestürzt und der
Ritter hält, auch er selbst nicht ungerührt, die Hand vor die
Augen."[107])

Telephus. Auge. — Der 438 mit den Kreterinnen, dem Alk-
mäon in Psophis und der Alkestis aufgeführte Telephos gehörte zu
den bedeutendsten und berühmtesten Dramen unseres Dichters. Ueber
den Gang der Handlung wusste man wenig, bis es dem Scharfsinn
dreier Männer, Welcker's[108]), Schölls[109]) und Jahns[110]) gelang, die
Hauptzüge nachzuweisen. Das Interesse drehte sich hier um die
traurige Lage des Myserkönigs Telephos, an dessen Führung, wie
ein Orakelspruch verkündet hatte, die Einnahme Trojas geknüpft
war. Derselbe war bei dem feindlichen Zusammentreffen mit den
Griechen in Mysien von Achilles verwundet worden und begab sich
nun, allen Gefahren, die ihm von den erzürnten Feinden drohten,
zum Trotz, in Bettlerkleidung nach Mykenä, um von den dort ver-
sammelten Fürsten die sehnsüchtig gewünschte Heilung zu erlangen,

die nach einem Orakelspruch nur derjenige, welcher ihn verwundet hatte, gewähren konnte. Zur Erreichung seines Zwecks bedient er sich einer List: er beredet Klytämnestra, ihm den kleinen Orestes zu überlassen, mit dem er sich dann im entscheidenden Augenblicke, als er sich durch ein stolzes und kühnes Wort verrathen hatte[***], auf den Hausaltar flüchtet, indem er Miene macht, Orestes zu tödten, um desto ungestörter mit den Griechen rechten zu können. Eine lange Verhandlung erfolgt: „Telephos droht Orestes zu tödten, wenn man ihm nicht freies Geleit verspreche, und dadurch wird jetzt ein neuer Zwiespalt hervorgerufen; die zornerfüllten Argeier, an ihrer Spitze vermuthlich Achilleus, verlangen den Tod des verhassten Feindes, Agamemnon aber will den Sohn nicht hingeben. Hier nun trat Klytämnestra auf, erklärte, sie sei die Urheberin dieser List und verlangte, dass man den Telephos freigeben solle. . . . . . Dem Telephos wird zunächst freie Rede zugesagt und er vertheidigt sich, dass, was er Feindseliges gegen die Griechen unternommen, er nur durch die Nothwendigkeit gezwungen gethan habe. . . . . . (Im Verlaufe dieser Verhandlung trat ausser einem Vertheidiger, auf den mannigfache Spuren hinweisen, auch Odysseus auf, „der Telephos durch Schlauheit zu widerlegen suchte".) Die Vertheidigung des Telephos hatte den Zwiespalt nicht gehoben, Agamemnon wollte den Sohn gerettet, den Telephos geheilt wissen, Andere, vor allen Achilleus, der persönliche Feind, bestanden auf der Rache; darauf bezieben sich mehrere Verse." Schliesslich erfolgte die Lösung durch die Deutung der Orakelsprüche. „Als man eingesehen hatte, dass Telephos der Mann sei, an dessen Führung das Orakel den glücklichen Ausgang des Feldzugs geknüpft habe, wurde natürlich sein Leben und Heilung ihm zugesagt gegen das Versprechen, die Griechen zu führen, und Achilleus letzter Einwand wurde besiegt durch die Aufklärung, dass nicht er, sondern die Lanze die Heilung bewirken solle."[***] Nun ist alles versöhnt, Telephos hat seinen Zweck erreicht und mit der sichern Aussicht auf seine Genesung schliesst das Stück.

Die einleuchtende Beweisführung Jahns, dem wir hier gefolgt sind, ist zum Theil durch ein Monument ermöglicht worden, das umgekehrt wieder die Hauptscene des Schauspiels veranschaulicht; es ist dies das etruskische Aschenkistenrelief bei R. Rochette Mon. Ined. pl. LXVII. 2. Rechts sitzt Telephos auf dem Hausaltar und hält mit dem linken Arm das Kind, das er zugleich mit dem Schwerte bedroht. Links erscheint der von Klytämnestra zurück-

gehaltene, von streitenden Gefühlen bewegte Agamemnon, während die hinter ihm sichtbaren Fürsten, Menelaos und Achilleus, rücksichtslos auf Telephos losstürmen. Dies ist die effectvolle Peripetie des Stücks, und an der Darstellung derselben kann man erkennen wie sehr die Kunst es verstand, dem Drama die prägnantesten Momente und spannendsten Situationen zu entnehmen, um dieselben für ihre Zwecke auszubeuten. — Auch in Nebensachen ist der enge Anschluss an das euripideische Drama ausgesprochen; die reiche Architektonik weist auf die Pracht des Königspalastes hin, die dem Dichter (besonders in seinen späteren Dramen) als glänzende Staffage diente. Die Pracht der Inscenirung ist überhaupt eine Stärke des stets auf malerischen Effect hinarbeitenden Euripides. Das beweisen von den erhaltenen Stücken namentlich die Bacchen und die Phönissen, die mit aus diesem Grunde sich lange in der Gunst des Publikums erhielten[***].

Die hier beschriebene Aschenkiste gibt die Hauptscene des Stücks am Treuesten und Vollständigsten wieder. Ausserdem gibt es noch mehrere Wiederholungen, die zwar Abweichungen im Einzelnen, aber im Ganzen durchaus nichts Neues bieten und daher hier übergangen werden können[***]. Je häufiger eine solche Situation aus dem Drama — ohne erhebliche Abweichungen in der Haltung und Action der Gestalten — auf etruskischen Aschenkisten wiederkehrt, desto berechtigter ist der Schluss, dass die einmal angenommene Grundlage durchweg beibehalten wurde. Diese fabrikmässige Wiederholung gewisser Scenen aus der Tragödie schliesst die Möglichkeit der Aufsuchung resp. Befolgung anderer poetischer Quellen aus: ein phantasievoller Künstler schuf die erste Darstellung, die dann von untergeordneten Kräften unablässig copirt wurde; dafür zeugen die massenhaften Wiederholungen bekannter Scenen aus dem trojanischen Heldenkreise[***].

Von dieser auf das euripideische Drama zurückgehenden Serie sondern sich andere Reihen ab, die von anderen Bearbeitungen desselben Stoffes abhängig sind[***].

Auch die Vasenmalerei hat sich mit diesem Gegenstande beschäftigt. Auf einer hamilton'schen Vase[***] erscheint rechts Telephos auf einem Bema kniend; die Augen sind etwas nach rechts (nach Agamemnon zu) gerichtet; er zückt den Dolch auf Orestes, den er mit dem linken Arm umfasst hält. Rechts eilt eine die rechte Hand mit bittender Gebärde ausstreckende Frau heran, um

Orestes zu retten. Links drängt Klytämnestra den mit Schwert und Lanze bewaffneten, den höchsten Unwillen verrathenden Agamemnon zurück. Der ernste Gesichtsausdruck der handelnden Personen, namentlich der Männer, deutet auf die tragische Scene, die nach der glücklichen Erklärung der etruskischen Aschenkisten durch Jahn nicht mehr zweifelhaft sein konnte.

Die übrigen Darstellungen der Hauptscene des Stücks zeichnen sich durch grössere Ruhe und Einfachheit aus und gehen daher nicht auf die Tragödie, sondern auf das Epos zurück[...].

Ausser dieser von der Kunst so sehr begünstigten Peripetie des Dramas gab es im Telephos noch eine Stelle, die eine interessante Kunstdarstellung hervorrief. In der ersten Bearbeitung des Stückes hatte Euripides einige Helden eingeführt, welche die ihnen zu Theil gewordene unfreiwillige Musse mit Würfelspiel ausfüllten (βέβληχ' Ἀχιλλεὺς δύο κύβω καὶ τέτταρα). Da nun diese auch im Philoktet (?) und in der Iphigenia in Aulis vorkommende Beschäftigung von dem Publikum als unpassend und dieser alten Helden unwürdig betrachtet wurde, so liess der Dichter bei einer Ueberarbeitung die Scene weg. Euripides machte hier als reifer Mann dem Publikum eine Concession, die er später als Greis wieder zurücknahm, indem die würfelspielenden Heroen (in diesem Fall die beiden Aiase und Palamedes) in seinem letzten Stück, der Iphigenia in Aulis (V. 195 ff.) wiederkehren. Für den Eindruck, den die originelle Neuerung zur Zeit der ersten Aufführung (438) hervorbrachte, spricht das bekannte Vasenbild des Exekias[...], auf dem Achilleus und Aias würfelspielend dargestellt sind; die beigeschriebenen Zahlen der Würfe TPIA (bei Aias) und ΤΕΣΑΡΑ (bei Achilleus) bekunden eine Uebereinstimmung mit dem Verse des Euripides, die, wie Jahn[...] bemerkt hat, zu auffallend ist, als dass man sie für zufällig halten könnte. Ausserdem verräth das Vasenbild eine gewisse Vorgeschrittenheit der Formen und gehört gewiss in die letzten Jahrzehnte des fünften Jahrhunderts, wo die neue Technik (rothe Figuren auf schwarzem Grunde) die frühere noch nicht gänzlich verdrängt hatte[...].

Ob die Heilung des Telephos in dem Stücke selbst vorkam, wissen wir nicht; wahrscheinlich wurde sie blos in sichere Aussicht gestellt. Mit der Versöhnung der streitenden Parteien war das dramatische Interesse erschöpft; eines weiteren Anhängsels bedurfte es nicht.

Auch die Schicksale der von Herakles geschwächten Auge, der Mutter des Telephos, sind von der bildenden Kunst behandelt wor-

den[...]. Auf die euripideische Tragödie bezieht sich das Relief bei R. Rochette[...], wo die jugendliche Auge auf einem Altar sitzt und das Bild der Göttin, der sie als Priesterin diente, umschlungen hält. „Vor ihr steht in ruhiger Haltung, die Hand wie im Gespräch erhoben, eine männliche jugendliche Figur, nur mit kurzer Tunica, und Mantel, in den der linke Arm eingewickelt ist, bekleidet. Auf ihn folgt eine Frau, die auf den Armen ein kleines Kind trägt, welches sie einem bejahrten Manne entgegenhält, der, im Begriff wegzugehen, sich heftig umdreht und den rechten Arm gewaltsam erhebt, als solle der Schlag mit der geballten Rechten das Kind treffen, auf welches er mit dem Ausdrucke des tiefsten Zornes sieht, welcher sich auch in der krampfhaft zusammengedrückten Linken ausspricht. . . . . . . „Auge sehen wir, welche, nachdem ihr Vergehen an den Tag gekommen, und sie vergeblich den Zorn des Vaters (Aleos), der durch das ihm ertheilte Orakel, seine Söhne würden durch den Sohn seiner Tochter sterben, bedeutend gesteigert sein mag, zu erweichen versucht hat, zum Altar der Göttin geflohen ist, deren schützendes Bild sie mit beiden Händen umfasst."[...] Also auch hier, wie bei Danae, die Darstellung der Hilflosigkeit einer ohne eigenes Verschulden[...] unglücklich gewordenen und den schrecklichsten Bedrängnissen ausgesetzten Frau, deren Lage, wie sie das Theaterpublikum ergreifen musste, auch der bildenden Kunst als ein willkommener Stoff erschien.

Mehrere auf die Tragödie bezogene Darstellungen lassen sich hier nicht verwerthen, zum Theil darum, weil wir nicht wissen, welchen Ausgang das Drama hatte[...].

Phoenissae. Antigone. Chrysippus. — Ueber das Verhältnis der Phönissen zu den denselben Gegenstand behandelnden Epen und Tragödien der Vorgänger habe ich mich an einem anderen Orte ausgesprochen[...]. Die wesentlichsten Neuerungen waren die folgenden: 1) schreitet sich nicht, wie bei Sophokles, unmittelbar nach der verhängnisvollen Entdeckung, sondern lebt noch einige Zeit fort, um sich erst nach dem Ergebnis der von ihr veranstalteten Zusammenkunft der beiden feindlichen Brüder und dem Wechselmord derselben auf dem Schlachtfeld das Leben zu nehmen. 2) Oedipus bleibt nach seiner Blendung in Theben und wird von seinen Söhnen in Verwahrsam gehalten; erst nach ihrem Tode begibt er sich in Begleitung der Antigone nach Kolonos, um dort seine Tage zu beschliessen. Diese neue Gestaltung der Sage ermöglichte dem Dichter die Schöpfung mehrerer höchst wirkungsvoller Scenen; dahin gehören z. B. das Wiedersehen der Iokaste und des Polyneikes, der spannende Wortwechsel zwischen den Brüdern, später der κομμός, sowie das Zwiegespräch des Oedipus und der Antigone neben den Leichen, und am Schlusse der plötzlich aufflackernde Gegensatz zwischen diesen beiden auf der einen und Kreon auf der andern Seite.

Dagegen behandelte die Antigone die Schicksale der wie bei Sophokles die Familienpflicht edelmütig erfüllenden Jungfrau; indessen sind die Reconstructionsmittel so unzulänglich, dass der Gang der Handlung in diesem Stücke in ein undurchdringliches Dunkel gehüllt ist[...]; nur so viel geht aus den trümmerhaften Notizen, wie aus einem später anzuführenden Bildwerke hervor, dass die That — im Gegensatz zu der Darstellung des Sophokles — bei Nacht geschah[...]; aber wo die Entdeckung derselben im Stück vorkam, oder ob sie dem Publikum etwa im Prolog mitgetheilt wurde, so dass sich daran aus den Einigen vermuthete Zusammenleben des Hämon und der Antigone in heimlicher Ehe anschloss, ist nicht anzugeben.

Die mit Sicherheit auf die Phönissen und die Antigone unseres Dichters zu beziehenden Bildwerke sind keineswegs zahlreich. Ganz abgesehen von den berührten Schwierigkeiten, sowie von dem Umstande, dass Antigone von der bildenden Kunst auffallend vernachlässigt worden ist[...], hat namentlich die den sophokleischen Schöpfungen (Oed. König und Antigone) entgegengetragene Bewunderung das Interesse an den abweichenden Darstellungen des Euripides beeinträchtigt. Die Vorzüglichkeit so allgemein geschätzter Vorbilder musste Euripides, wenn er die ihnen zu Grunde liegenden Stoffe noch einmal verwerthen wollte, in den einschlägigen Stücken — Oedipus, Antigone und Phönissen — zu einer effectvollen Behandlung drängen, die indessen in diesem Falle nicht im Stande war, seine Vorgänger in Schatten zu stellen und die namentlich auch auf die Kunst keinen erheblichen Einfluss ausgeübt zu haben scheint. Die Einwirkung des Sophokles auf das Altertum erwies sich hier als zu stark[...]. Ausserdem sind gewisse Scenen, wie z. B. der Wechselmord der beiden Brüder, so sehr zum Gemeingut geworden, dass es in den meisten Fällen misslich erscheint, einen directen Einfluss des Dichters auf die bildende Kunst anzunehmen[...]. Dasselbe gilt zum Theil von dem Erscheinen der Mutter auf dem Kampfplatze nach beendigtem Zweikampf; denn dieses Motiv kam schon im Epos vor, nur dass dort die Mutter nicht Iokaste, sondern

Euryganeia hiess. Iokaste ist eben in der nachepischen Version an die Stelle der im Epos als Mutter der vier Kinder gefassten Euryganeia getreten[...]. Schon um Ol. 78 finden wir, wahrscheinlich von der Hand des Onatas, in der Vorhalle des Tempels der Athene Areia in Platää ein Bild mit einer ähnlichen Darstellung[...]. In der späteren Kunst kehrt dieser Gegenstand namentlich auf etruskischen Aschenkisten wieder[...]. Auf diese späteren Darstellungen mag die leidenschaftliche Beschreibung des Herganges bei Euripides, der durch seine Neuerungen gegenüber Sophokles in den Stand gesetzt wurde, der Iokaste die effectvolle Rolle der im Epos so auftretenden Euryganeia zuzuweisen, einigen Einfluss ausgeübt haben, obwohl dies bei dem Verlust der Mittelglieder, deren Vergleichung mit Euripides hier allein Klarheit schaffen würde, nicht mit Sicherheit bewiesen werden kann. Auch die Opferung des Menökeus wird, abgesehen von der sehr kurzen Erwähnung des Herganges (in kaum sechs Versen, Phoen. 1009—1011 und 1090—1092) nur zu einer sehr effectvollen Rede auf der Bühne benutzt, so dass hier eine directe Einwirkung auf die bildende Kunst zum Mindesten sehr unwahrscheinlich ist und wir uns für die (übrigens nicht sehr zahlreichen) Darstellungen nach einer anderen Quelle umzusehen haben[...]. Was schliesslich den Weggang der Antigone und des Oedipus anbelangt, so ist auch dieser etwas allgemein gehalten und kann die Anregung dazu, wie vermuthet worden ist, von dem damals im Entwurfe bekannt gewordenen Oedipus auf Kolonos des Sophokles ausgegangen sein[...].

Dagegen besitzen wir wenigstens ein Monument, das uns unzweifelhaft Scenen aus den Phönissen und der Antigone vorführt, nämlich das Sarkophagrelief der Villa Panfili bei Rom[...], dessen vollständige Erklärung Eugen Petersen in Hamburg verdankt wird[...]. Auf dieser Darstellung sieht man linkerseits die Zusammenkunft der feindlichen Brüder in Gegenwart der vor Eteokles knieenden Iokaste, der Antigone, des Kreon und eines Begleiters des Eteokles (es ist der Moment Phoen. 623 gewählt), sodann folgt in der Mitte der die Leiter besteigende Kapaneus und das durch aufgethürmte Leichen (Phoen. 1195) bezeichnete Schlachtfeld (V. 1172 ff.) nebst Amphiaraos' Niederfahrt und am rechten Ende der Wechselmord (V. 1413 ff.) und die Antigone, die Bestattung des Polyneikes durch Antigone und Argeia. Also auch hier ein enger Anschluss an Euripides[...].

Hinsichtlich des Chrysippus genügt es darauf hinzuweisen,

dass die Sage von der verbrecherischen Liebe des Laios zu dem schönen Knaben, von der sich das ganze über das Labdakidenhaus hereingebrochene Unheil herschrieb, zuerst von Euripides ausgebildet worden ist[206]), und dass wir daher berechtigt sind, einige Erzeugnisse der unteritalischen Vasenmalerei, die ja im Allgemeinen so sehr von Euripides abhängig ist, auf unsere Tragödie zu beziehen.

Schlusswort.

Am Schlusse dieser gedrängten Zusammenstellung der Thatsachen angelangt, kehren wir zum Ausgangspunkte unserer Betrachtungen zurück. Wir sahen, wie Euripides von einem Studium der bildenden Kunst ausging und dadurch zum vollen Verständnis eines Momente, der sich in seiner Zeit als so mächtig erweisen sollte, angeleitet wurde; wie er die Herrlichkeit der Kunst bewunderte und ihren Werth für das Leben begriff; wie er beim Dichten das malerische Princip befolgte und dadurch wieder auf die Künstler zurückwirkte, die auf die Verwerthbarkeit seiner Gruppen und Einzelgestalten für die Kunst aufmerksam wurden; und wie so die Abhängigkeit von seiner Tragödie allmälig entstand. Er ist der grosse Vermittler, der die alte griechische Mythologie mit den Forderungen einer fortschreitenden Kunst versöhnte, indem er das ewig Menschliche hervorhob und dadurch Gestalten und Gruppen schuf, welche die bedeutendsten Künstler, vor allem die Koryphäen der Diadochenzeit[207]), begeisterte und ihnen Conceptionen entlockte, die durch Fülle des Gehalts und Tiefe des Gefühle berufen waren, den nachhaltigsten Einfluss auf das spätere Altertum auszuüben. In dieser Doppelstellung, die einerseits in dem vollen Verständnis seiner Zeit und andererseits in der umfassenden Wirkung auf die Nachwelt gipfelt, liegt Euripides' wahre Bedeutung.

Anmerkungen.

(Die Stellen der Tragiker sind citirt: Aeschylos nach W. Dindorf, Sophokles nach Brunck, Euripides nach Nauck. Die Fragmente nach Nauck.)

1. [S. 10.] Vgl. Schnaase, Geschichte der bildenden Künste (erste Aufl.) I. S. IX.

2. [S. 12.] Die auf den troischen Heldenkreis bezüglichen Kunstwerke sind in Overbeck's verdienstlicher Arbeit: Gallerie heroischer Bildwerke der alten Kunst. I. Mit 33 Tafeln. (Braunschw. 1853.) zusammengestellt und besprochen.

3. [S. 12.] Die grossen mythologischen — vorzugsweise das stoffliche Interesse befriedigenden — Bildercyclen Polygnots verhalten sich zu der Ideale ausprägenden Kunst des perikleischen Zeitalters wie die florentinische Wandmalerei des fünfzehnten Jahrhunderts zu den Schöpfungen Rafael's.

4. [S. 13.] Vgl. Müller Hdb. der Arch. § 419, 1. 3.

5. [S. 13.] Auch hier ist die Vergleichung mit den alten Florentinern am Platze. Zwischen Cimabue und seinem Publikum fand dieselbe Wechselwirkung statt, die zwischen den Malern der Poikile Stoa und dem athenischen Demos bestand.

6. [S. 13.] Sehen Aeschylos hatte dem veränderten, reifer gewordanen Geschmacke seines Publikums einige Concessionen gemacht; so sind z. B. in den 467 aufgeführten Sieben die handelnden Personen weit weniger nebelhaft als die Charactere der Perser (472). Auch die Eumeniden (458) empfehlen sich durch grössere Klarheit, insbesondere der Sprache.

7. [S. 14.] Dahin gehört die Anwendung des deus ex machina (im Philoktet) und die fortschreitende Verweltlichung und Veratticisirung des Dialogs in den späteren Stücken.

8. [S. 16.] Vgl. das Hauptwerk: Leop. Schmidt Pindars Leben und Dichtung. Bonn 1862.

8a. [S. 19.] Vita aus dem Cod. Vat. 1345 (Nauck praefat. p. VII f.): γενέσθαι δὲ κατ᾽ ἀρχὰς μὲν αὐτὸν φασι ζωγράφον. Dazu die längere Vita (des mailänder und copenhag. Codex: Westermann Βιογρ. p. 134, Nauck a. a. O. p. V. und sonst häufig abgedruckt): φασὶ δὲ αὐτὸν καὶ ζωγράφον γενέσθαι καὶ δείκνυσθαι αὐτοῦ πινάκια ἐν Μεγάροις. Suidas v. Εὐριπίδης: γέγονε δὲ τὰ πρῶτα ζωγράφος.

9. [S. 19.] So im Altertum z. B. Sokrates und Platon.

10. [S. 20.] Bernhardy Gr. Litt. II., 2. S. 359. (832): „Auch muss die Verschiedenheit beider Männer gross gewesen sein, wenn man bedenkt, dass der durchgreifende Wechsel der Dinge nach Perikles, welcher den Euripides niemals zur Ruhe kommen liess, den Sophokles nirgend stört und ihn zu keinem neuen Gesichtspunkt auffordert." — Sophokles ist überhaupt ein mehr aristokratischer Geist. Auch wendet sich die Gunst des Publikums allmälig dem jüngeren Nebenbuhler zu. Denn nach 440 (Aufführung der Antigone und Höhepunkt seines Einflusses) ist Sophokles nicht mehr alleiniger Herrscher auf der Bühne; er tritt zwar nicht ab, erhält aber jüngere Mitbewerber, zunächst den gefährlichen Euripides, der 441 seinen ersten Sieg errang und 438 mit der Tetralogie, zu der die Alkestis gehörte, blos dem Sophoklos erlag.

10a. [S. 20.] V. 668 ff. — Wahrscheinlich ist dieser Chor durch die gleich zu handelnde Stelle der Medea (624 ff.) veranlasst worden.

11. [S. 21.] Interessant ist auch die Umgebung, in der diese Schilderung der Vorzüge des attischen Landes und seiner Bewohner auftritt. Im schärfsten Gegensatz zu den ersten, die olympische Klarheit der Luft und das Glück der Bewohner Athens abspiegelnden Worten steht die mit den schwärzesten Farben gemalte Darstellung der Verbrecherin. Auf der einen Seite blendende Helligkeit, auf der andern schwarzes Dunkel. Daran erkennt man den von der Herrlichkeit der Zeit durchdrungenen Dichter.

12. [S. 21.] Naturbeschreibungen: Frühlingsmorgen, (Phaet.) Fr.

775, 22 ff. (vgl. Hipp. 72 ff.) — Ion 82 ff. Klarheit der attischen Luft Med. 828. vgl. Bacch. 631. — Weitere Nachweisungen bei Wörmann Ueber den landschaftlichen Natursinn der Griechen und Römer (Münch. 1871) S. 42 ff.

13. [S. 21.] Eine Naturschilderung, aber mehr vom politisch-socialen Standpunkt, die merkwürdige Stelle Fr. 1068. Vgl. Wörmann a. a. O. S. 44. Seine Bemerkung, dass Strabo am ersten Geographisches ausziehen würde, ist sehr richtig; daraus schliessen wir aber auch auf die verhältnismässige Seltenheit derartiger Schilderungen. Vgl. das ebenfalls von Strabo aufbewahrte Fragment des Sophokles No. 250.

14. [S. 21.] Hek. 444 ff.; Hel. 1451 ff. vgl. Or. 989 ff.

15. [S. 21.] Bernhardy Gr. Litt. II, 2 S. 369. (840.); dazu (Hypsip.) Fr. 757, 5 ff.

16. [S. 21.] Ion 1581 ff. Bacch. 17—19 (mit Elmsleys Anmerkung), Hek. 462. (Welcker Griech. Tragg. II S. 527); dazu Bernhardy a. a. O. S. 362. (834.)

17. [S. 22.] Heilig: ὅσιος El. 1320. ζάθεος Ion 184. — Glückselig: εὐδαίμων El. 1289. Tro. 207. ὄλβιος Alk. 452. (λιπαρός Alk. 452. Iph. Taur. 1130. Tro. 803.) — Berühmt: κλεινός (Antiope) Fr. 225. Ion 30. vgl. 262. Tro. 207. vgl. Hipp. 1459.

18. [S. 22.] Vgl. Welcker Alte Denkm. I S. 165. Müller Gesch. der gr. Litt. II. S. 17 Anm. 1, und S. 219.

19. [S. 24.] Weitere Anspielungen auf das Erechtheum (Erechth.) Fr. 362, 46. Ion 1479 f. Tro. 801 ff.; auf die Athena Parthenos im Parthenon (Erechth.) Fr. 353: ὁλολύζετ᾽, ὦ γυναῖκες, ὡς ἔλθῃ θεὰ | χρυσῆν ἔχουσα Γοργόν᾽ ἐπίκουρος πόλει.

20-21. [S. 24.] So die Hauptstelle El. 1254 ff.: ἐλθὼν δ᾽ Ἀθήνας Παλλάδος σεμνὸν βρέτας | προσπτύξον᾽ ἄρξει γάρ νιν ἐπτοημένας | δεινοὺς δράκοντας ὥστε μὴ ψαύειν σέθεν, | Γοργῶπ᾽ ὑπερτείνουσα σοῦ κάρα κύκλον. — Schmuck der Athena mit Beziehung auf die Kunstdarstellungen Ion 989 ff. 996. 1015. 1055. 1421. 1429 und sonst häufig. Vgl. auch Anm. 132.

22. [S. 24.] Vgl. Jahn de antiquis Minervae simulacris Atticis (Bonn 1866) Tf. III. n. 7. 8.

23. [S. 24.] V. 30 f.

24. [S. 24.] Suppl. 30.

24a. [S. 24.] V. 1459.

25. [S. 25.] Der Ausdruck διὰ προσ. — φῶς ist als „Giebel" zu fassen. Vgl. oben S. 23.

26. [S. 26.] Uebrigens war der delphische Tempel von Poroastein, nur die Façade bestand aus parischem Marmor. Herod. V. 62.

27. [S. 26.] Ich brauche hier das Wort „Stil" in weiterem Sinne, zur Bezeichnung der Ausdrucksweise der Kunst (hier der dorischen Architektur) in sehr verschiedenen Zeitepochen.

28. [S. 27.] Fr. 764.

29. [S. 27.] Hel. 241 ff.

30. [S. 27.] Hel. 227 f.

31. [S. 27.] Tro. 1110 ff.

32. [S. 28.] V. 1090 ff.

33. [S. 28.] Uebrigens ist nach 1097 ein Vers ausgefallen; dies die einfachste Erklärung der vielbesprochenen Dunkelheit der Stelle; αἲς τε βουλευτήρια gehört nicht zu ἐκληροῦντ᾽, sondern wurde von einem in dem verlorengegangenen Verse 1097 a. regiert: es hiess ungefähr: αἲς τε βουλευτήρια | ἤμειγετ᾽ εὐθὺς ἀθρόος ἀνθρώπων ὄχλος. — Auch nach δέ (V. 1121) ist ein Vers ausgefallen.

34. [S. 28.] V. 1098 f.

35. [S. 28.] V. 1099.

36. [S. 28.] V. 1111 f.

37. [S. 28.] V. 1123.

38. [S. 28.] V. 1121.

39. [S. 28.] V. 223 f.

40. [S. 28.] Andr. 1093. Ion 220. Phoen. 237.

41. [S. 28.] Ion 82 ff. Phoen. 205 ff.

42. [S. 28.] V. 290 ff.

43. [S. 29.] Vgl. Kykl 313: ἄκρας δ᾽ ἀναλίας ἃς καθ᾽ ἵδρυται πατήρ. Soph. Fr. 341: Πόσειδον, ὃς Αἰγαίου μέδεις | πρῶνας ἢ γλαυκᾶ· μέδεις | εὐανέμου λίμνας ἐφ᾽ ὑψηλαῖς σπιλάδεσσι στομάτων.

44. [S. 29.] Hek. 1273.

45. [S. 29.] Med. 1379 mit Hartung's Anmerkung (1340 Hig.)

46. [S. 29.] Andr. 20 und sonst.

47. [S. 29.] V. 24.

48. [S. 29.] Iph. Aul. 1464; Hipp. 78 ff. (V. 77 ist ἀρινή zu schreiben, wie Hel. 72 ἀχθίστης, aus Rücksicht auf die gleichmässige Vertheilung der Epitheta.)

49. [S. 29.] Bacch. 15.

50. [S. 29.] Alk. 116. El. 734.

51. [S. 29.] Fr. 307.

52. [S. 29.] Vgl. Müller-Welcker Hdb. der Arch. §. 52, A. 3. — Das Anheften der Beute auch Aesch. Sept. 278: λάφυρα δήων δουρίκηχθ᾽ (so Hermann und Ritschl für das hdschr. δουρίκληχθ᾽; vgl. Dindorf in den Annotat. Oxon. p. 158) ἁγνοῖς δόμοις. (Die mit dem Speer angeheftete Beute setzt ein Balkensystem von . Holz voraus.) — Vgl. noch El. 6 f. Tro. 575 f.

53. [S. 30.] V. 1360 ff.

54. [S. 30.] Fr. 475.

55. [S. 30.] Iph. Taur. 113 und die eben angeführte Stelle des Orestes.

56. [S. 30.] V. 943 ff. — In Betreff der Holztempel zu Euripides' Zeit genügt es, auf Müller Hdb. der Arch. §. 52, A. 2 hinzuweisen.

57. [S. 30.] El. 1158 und Tro. 1088, οὐράνια. Dazu die Erwähnung eines λᾶας ἀμαξοπληθής (Phoen. 1157 f.), zu vgl. mit Hom. ι 241 und Kykl. 240.

58. [S. 31.] Sammlung der Stellen über die kyklopischen Bauten bei Overbeck Schriftquellen S. 4 f. (Vgl. noch Iph. Aul. 534. 1501.)

59. [S. 31.] Fr. 208.

60. [S. 31.] Hek. 1010.

61. [S. 31.] Erbauung Ilions durch Apollon und Poseidon Tro. z. Anf. und V. 1174; Andr. 1009 ff. und sonst. — Theben: die reizende Stelle Phoen. 823 ff. — Vgl. dazu den häufigen Gebrauch des ehernen Epithetons θεόδμητος (besonders von Athen gesagt).

62. [S. 31.] Phoen. 415. - Vgl. El. 1150 f.: λάινοί | τε θριγκοὶ δόμων und Or. 1569 f.

63. [S. 31.] Hek. 919 ff. — Weitere Stellen über Dädalos und seine Schule: (Eurysth.) Fr. 373 (bei Schol. Hek. 838 [Vol. I. S. 423 Dind.]): περὶ τῶν Δαιδάλου ἔργων ὅτι κινεῖτό τε καὶ προῖει φωνὴν αὐτός τε ὁ Εὐριπίδης ἐν Εὐρυσθεῖ λέγει): οὐκ ἔστιν, ὦ γεραιέ, μὴ δείσῃς τάδε· | τὰ Δαιδάλεια πάντα κινεῖσθαι δοκεῖ | βλέπειν τ᾽ ἀγάλμαθ᾽· ὧδ᾽ ἀνὴρ κεῖνος σοφός. (Vgl. dazu die in den Scholl. folgenden Bemerkungen.) Herc. Fur. 470 (von der Keule des Herakles): εἰς δεξιὰν δὲ σὴν ἀλεξητήριον | ξύλον καθίει Δαιδάλου, ψευδῆ δόσιν.

64. [S. 32.] Hek. 836 ff.

65. [S. 32.] Alk. 357 ff. Iph. Aul. 1211 ff. Med: 543. Vgl. auch Kykl. 646 ff. (ἀλλ᾽ οἶδ᾽ ἐπῳδὴν Ὀρφέως ἀγαθὴν πάνυ, — u. s. w.)

6*

84

66. [S. 32.] Tro. 1074: χρυσέων τε ξοάνων τύποι. Vgl. dazu Ion 1408.
67. [S. 32.] Phoen. 1250 f.: ἐν σοὶ Ζηνὸς ὀρθῶσαι βρέτας | τρόπαιον, und 1473: οἱ μὲν Διὸς τρόπαιον ἵστασαν βρέτας.
68. [S. 32.] Overbeck, Berichte der sächs. Ges. der Wiss. 1864. S. 249.
69. [S. 32.] Vgl. Owen Jones, An apology for the colouring of the Greek Court in the Crystal Palace. (Lond. 1854) S. 18.
70. [S. 32.] Tro. 686 f.
71. [S. 33.] Hipp. 1003 ff.
72. [S. 33.] Ion 271 L; Phoen. 126 f.
73. [S. 33.] Hek. 450 ff.: ἐξ Δωρίδος ὅρμον αἶας | ἢ Φθιάδος (ἀφίξομαι) u. s. w. Unter Δωρίς αἶα ist jedenfalls die Peloponnes — mit Beziehung auf Agamemnon — verstanden; man bemerke den absichtlich durchgeführten Gegensatz zwischen der Peloponnes und Athen. Wie kurz wird erstere im Vergleich zur Heimat abgethan! Zu den Stickereien vgl. noch Ion 196 ff.: ἆρ' ὃς ἐμαῖσι μυ- | θεύεται παρὰ πήναις; ἀσπιστὸς Ἰόλαος (von der Unterhaltung der attischen Jungfrauen beim Weben), und Iph. Taur. 222 ff.
73a. [S. 35.] Euripides errang seinen ersten Sieg 441, als er bereits 39 Jahre zählte, 14 Jahre nach seinem ersten Auftreten.
74. [S. 35.] (Erechth.) Fr. 362, 13. Or. 267. Phoen. 389. Suppl. 907 f. Vgl. Med. 708. Phoen. 630. 502.
75. [S. 35.] Vgl. die schöne Stelle Med. 516 ff.
76. [S. 35.] (Hipp. Vel.) Fr. 442. Med. 580 f. Phoen. 527.
77. [S. 36.] Phoen. 98.
78. [S. 36.] Alk. 160. 365.
78a. [S. 36.] Or. 1053. Tro. 1141.
79. [S. 36.] Alk. 756. (Androm.) Fr. 135.
80. [S. 36.] V. 582 f.
81. [S. 36.] El. 1150. Ion 207. Tro. 1166 und sonst sehr häufig.
82. [S. 36.] Alk. 498. Phoen. 1372.
83. [S. 36.] Phoen. 2.
84. [S. 36.] Oeffentliche oder Privatbauten Or. 1388. (Phaeth.) Fr. 781, 9. Herc. Fur. 782 (ἄγυιαί). — Aufgemauerter Erdhügel (Bell.) Fr. 307.
85. [S. 37.] Andr. 253. Vgl. Bacch. 11 f.
86. [S. 37.] Ion 38. 510.
87. [S. 37.] Iph. Taur. 405 (παριχίονας ναούς). Phoen. 415.

85

88. [S. 37.] S. oben S. 29 f.
89. [S. 37.] Ion 156. Iph. Taur. 47; vgl. Hel. 70. (Mauerzinne Or. 1569. Phoen. 1158.)
90. [S. 37.] Iph. Taur. 51.
91. [S. 37.] Iph. Taur. 997. 1157.
92. [S. 37.] ἑπτάπυργος fünfmal, Herc. Fur. 28. Phoen. 245. 748. 1058. 1078.
93. [S. 37.] Iph. Taur. 1149. Tro. 1220.
94. [S. 37.] El. 176. Med. 949 und sonst. — Goldene Spiegel Hek. 925. Tro. 1107. Vgl. (Dan.) Fr. 524, 2.
95. [S. 37.] Ion 1421. 1423.
96. [S. 37.] Iph. Taur. 812 f.
97. [S. 38.] (Bell.) Fr. 305, 1 f. El. 966. (Hipp. Vel.) Fr. 441; vgl. Fr. 995: λευκοὺς λίθους ἔχοντες αὐχοῦσιν μέγα. Dieselbe Anschauung versteckt angedeutet Kykl. 316 f. Weitere Nachweisungen bei Stob. Floril. XCIII.
98. [S. 38.] Herc. Fur. 782. Ion 188 ff. Phoen. 367 f. und sonst.
99. [S. 38.] Das Wort schon bei Simonides von Keos (Fr. 202 A. Bergk; ἡραιστοτυκής nach Hermanns Conj. bei Aesch. Fr. 67), sodann bei Sophokles (von σέλας gesagt, Phil. 987), Antimachos (Fr. 9 Dergk), Diogenes Laert. (L 32), Schol. Il. (Ψ 92), Eudocia (p. 338: οἱ θεοὶ μάχαιραν αὐτῷ ἐχαρίσαντο ἡφαιστότευκτον δι' Ἑρμοῦ), Eustath. ad Il. p. 1160, 48. Vgl. Eur. Iph. Aul. 1071 ff. von Achilles: περὶ σώματι χρυσέων | ὅπλων Ἡφαιστοπόνων | κεκορυθμένος ἔνθοσ'.
100. [S. 38.] Scut. 139—318.
101. [S. 38.] Vgl. Welcker Ep. Cyclus II S. 409.
102. [S. 38.] Proclus: Μέμνων δὲ ὁ Ἠοῦς υἱὸς ἔχων ἡφαιστότευκτον πανοπλίαν παραγίνεται τοῖς Τρωσὶ βοηθήσων, — vgl. mit Anm. 99.
103. [S. 38.] V. 375—676, mit Ritschl's vortrefflicher Abhandlung über den Parallelismus der Verszahlen, Jahn's Jahrbb. LXXVII. S. 761—801.
104. [S. 39.] Phoen. 1104—1140.
105. [S. 39.] Vgl. meine Anm. zu der Stelle (Ausgabe, Berlin 1871).
105a. [S. 39.] Weitere Schildbeschreibung El. 452 ff.
106. [S. 39.] Man vergleiche z. B. nur die erste Hälfte der Alkestis.
107. [S. 41.] Vgl. z. B. die Gleichnisse des Quintus Smyrnäus.
108. [S. 41.] Aesch. Prom. 788 f.: σοὶ πρῶτον, Ἰοῖ, πολύδονον πλάνην φράσω, | ἣν ἐγγράφου σὺ μνήμοσιν δέλτοις φρενῶν. Soph.

Fr. 537 (aus dem 468 aufgeführten Triptolemos); θὲς δ' ἐν
φρενὸς δέλτοισι τοὺς ἐμοὺς λόγους. (Vgl. dazu Shakspeare
Hamlet Act I Sc. 5: Yea, from the tablet of my memory | I'll
wipe away all trivial fond records.) Aesch. Eum. 827 f.: καὶ
πλῆθας οἶδα δώματος μόνη θεῶν, | ἐν ᾧ κεραυνός ἐστιν ἐσφρα-
γισμένος. Gegensatz zwischen Schrift und Wort Suppl. 946 f.
— Eine ähnliche Rolle spielt die Rennbahn: s. Med. 1180 f.
und vgl. den Gebrauch von βαλβίς (Med. 1245) und δίαυλος
(bei Aesch. und Eur.) in übertragenem Sinne.

109. [S. 41.] V. 44—58.
110. [S. 42.] S. Hek. 1136. Hel. 260. Kykl. 322. Phoen. 1621
und Med. 465 mit Wolfg. Bauer's Anm. (Ausgabe, München
1871).
111. [S. 42.] Alk. 311.
112. [S. 42.] Med. 390: ἦν μέν τις ἡμῖν πύργος ἀσφαλὴς φανῇ. —
Or. 1203.
113. [S. 42.] Alk. 160.
114. [S. 42.] Kykl. 352; Tro. 489; Alk. 457; Kykl. 477.
115. [S. 42.] (Phaeth.) Fr. 777; Or. 983.
116. [S. 42.] Phoen. 84: οὐρανοῦ πτυχαί. Hel. 605 und (Phaeth.)
Fr. 779, 7: αἰθέρος πτυχαί. Vgl. Hel. 44. — Kykl. 353 f.:
σύ τ', ὦ φαεννῶν ἀστέρων οἰκῶν ἕδρας | Ζεῦ. Dahin gehören
auch die κλίμακες Βραυρῶναι Iph. Taur. 1462 f.
116a. [S. 42.] Kykl. 460 ff.; (Erechth.) Fr. 362, 11 f.
117. [S. 43.] Or. 1568, nach Aesch. Pers. 192: ἢ μὲν τῇδ' ἐκυρ-
γούτο στολῇ. (Auch bei Sophokles.)
118. [S. 43.] ι 384 ff.
119. [S. 44.] Hek. 550—561. Vgl. die in Anm. 141 angeführte
Stelle des Chäremon.
120. [S. 44.] So fand ein Künstler in Rom einen Mann aus dem
Volke, der genau die Proportionen des sog. Theseus im Ost-
giebel des Parthenon hatte. (Freundliche Mittheilung von Hrn.
Dr. Gsell-Fels in Basel.)
121. [S. 44.] Vgl. das Epitheton der lakonischen Mädchen φαινομηρ-
ρίδας (Ibyc. Fr. 61 Bergk.) Eur. Hek. 933 f.: λεύσσ' δὲ φίλια
μονόκαπλος | λιπῦσα, Δωρὶς ὡς κόρα. — Lemcke Aesthetik
S. 234 (erste Aufl.)
122. [S. 44.] Stackelberg Apollotempel von Bassä Taf. 29 = Overbeck Gesch. der gr. Plast. I. Fig. 62. (74, 2. Aufl.) No. 23.
·123. [S. 44.] (Androm.) Fr. 124.

124. [S. 44.] Vgl. Phoen. 220 f.: ἴσα δ' ἀγάλμασι χρυσοτεύ- | κτοις
Φοίβῳ γενόμαν λάτρις.
125. [S. 45.] Hipp. 630 ff. — Eng verwandt mit dieser Stelle ist
eine lehrreiche Stelle des Plutarch im Leben des Perikles (C. 12).
Dort heisst es, die Feinde des Perikles hätten die glänzende
Ausschmückung der Stadt aus folgenden Gründen missbilligt:
δοκεῖ δεινὴν ὕβριν ἡ Ἑλλὰς ὑβρίζεσθαι καὶ τυραννεῖσθαι περι-
φανῶς, ὁρῶσα τοῖς εἰσφερομένοις ὑπ' αὐτῆς ἀναγκαίως πρὸς τὸν
πόλεμον ἡμᾶς τὴν πόλιν καταχρυσοῦντας καὶ καλλωπίζοντας
ὥσπερ ἀλαζόνα γυναῖκα, περιαπτομένην λίθους πολυτελεῖς
καὶ ἀγάλματα καὶ ναοὺς χιλιοταλάντους. — Man bemerke die
eigentümliche Kreuzung der Begriffe; während bei Euripides
ἄγαλμα zur Veranschaulichung der Ansichten Hippolyt's über
γυνή herbeigezogen wird, benutzen Plutarch's Gewährsmänner
γυνή zur Veranschaulichung ihrer Auffassung der bereits mit
der Stadt verwachsenden Kunstwerke.
126. [S. 45.] Alk. 349 ff.
127. [S. 45.] Vgl. Müller-Welcker Hdb. der Arch. §. 420, insbes.
A. 1.
128. [S. 45.] V. 416 ff.
129. [S. 46.] τοὐμὸν δέμας z. B. Iph. Aul. 937. Kykl. 2. Med. 388
und sonst; τὸ σὸν δέμας z. B. Or. 405. Phoen. 699, vgl. mit
Soph. Oed. Kol. 501, 1550 (aber hier mit Beziehung auf kör-
perliche Schwäche); El. 57 auf den todten Leib bezogen.
130. [S. 46.] Andr. 1155. Herc. Fur. 925.
131. [S. 46.] V. 265 ff.
132. [S. 46.] Auch mag die Beobachtung, dass alte Gemälde und
gewisse Farben leicht nachdunkeln, hier mitgewirkt haben. —
Uebrigens ist dies die erste Stelle, wo ἄγαλμα in der Bedeutung „Gemälde" vorkommt.
133. [S. 46.] Hek. 807 f.
134. [S. 46.] Phoen. 455 f.
135. [S. 46.] Alk. 1118. — Vgl. dazu noch El. 855 ff.: ἔρχεται δὲ
σοὶ | κάρα 'πιδείξων, οὐχὶ Γοργόνος φέρων, | ἀλλ' ὃν στυγεῖς
Αἴγισθον. Herc. Fur. 990: ὁ δ' ἀτρεμὲς δόμμα Γοργόνος
στρέφων. Or. 1520: μὴ πέτρος γένῃ δέδοικας, ὥστε Γοργόν'
εἰσιδών.
136. [S. 47.] Vgl. die Beispiele in Gerhard's auserles. griech. Vasen-
bildern, so gleich Taf. 1 und das schrecklichste aller Gorgonen-
häupter, Taf. 107. (vgl. Ross Arch. Aufs. I Taf. VIII.)

136a. [S. 47.] Ich habe hier ausser den dem Euripides eigentümlichen Gegensätzen zwischen Bild und Wirklichkeit (s. S. 32 f.) namentlich das interessante Fragment des Theseus (No. 385) im Auge, wo ein des Lesens unkundiger Hirt den Namen Theseus mittelst einer genauen Beschreibung der Buchstaben mittheilt. Daran schliessen sich noch einzelne Ausdrücke. So kommt κανών, „Richtschnur", in übertragener Bedeutung erst bei Euripides vor: (Bell.) Fr. 905, 4. El. 52. (Eurysth.) Fr. 377. Hek. 602. Vgl. den Gebrauch von στάθμη (aber schon bei Aesch. und Soph.), Ion 1514.

137. [S. 47.] Müller Gesch. der gr. Litt. II S. 147 ff. Bernhardy Gr. Litt. II, 2 S. 359. (832.) 362. (834.) 363. (856.) Bergk in Ersch und Gruber's Encycl. LXXXI S. 369.

138. [S. 47.] Ich benutze diese Gelegenheit, um einen vor Kurzem (Litt. Centralbl. 1871, Sp. 855) gegen meine Auffassung des Dichters gerichteten Angriff zurückzuweisen. Dieselbe ist keine „Lobhudelei", am wenigsten eine „herkömmliche", sondern beruht auf einer streng historischen Betrachtung der Aufgaben der Tragödie seit Thespis. In der vorliegenden Schrift glaube ich den Beweis geliefert zu haben, dass Euripides von einer zwingenden Nothwendigkeit zu den Veränderungen, welche er mit der Tragödie vornahm, gedrängt wurde; ohne dieselben wäre sie unwahr geworden und hätte ihren machtvollen Einfluss auf das Volk eingebüsst. Und Euripides war gerade der Mann dazu, der Tragödie ihre neue Aufgabe anzupassen.

139. [S. 48.] Vgl. die Helena (Hartung's Einl. zur Helena [Lpz. 1851] S. 9) und den Prolog der Bacchen.

140. [S. 48.] Notiz des Dikäarchos vor dem Oedipus König. — So erhielten sich Aristophanes' Vögel nur den zweiten Preis: vgl. die Bemerkungen Müller's Gesch. der gr. Litt. II S. 245.

141. [S. 48.] Vgl. namentlich Theod. Fr. 1 mit Eur. Phoen. 1 ff.; Chaeremon Fr. 1, 5: κύμα δὲ χηρογρῶτας ὡς ἀγάλματος mit Hek. 560 u. s. w. Bergk in Ersch und Gruber's Encycl. LXXXI S. 368a. z. Anf.

142. [S. 48.] Im Allgemeinen darüber Bernhardy Gr. Litt. II, 2 S. 375. (845.) Sodann — wie übrigens auch bei Schiller — eine Menge von wenigstens zweimal wiederkehrenden Halb- oder Drittelversen.

143. [S. 49.] Hypoth. zur Andromache: τὸ δὲ δρᾶμα τῶν δευτέρων. Dagegen die Hyp. zum Hippolyt: τὸ δὲ δρᾶμα τῶν πρώτων.

144. [S. 49.] Vgl. Aristoph. Ran. 52 f. nebst Lukian quomodo conscr. sit hist. Cap. 1.

145. [S. 49.] So z. B. im Philoktet (409 aufgef.) und im Oedipus auf Kolonos. Vgl. Anm. 7.

146. [S. 49.] Die Productivität der Tragiker, wenigstens des Sophokles und des Euripides, nimmt mit dem Alter zu: vgl. die Berechnung bei Müller Gesch. der gr. Litt. II S. 114 f.

147. [S. 50.] S. die Zusammenstellung bei Welcker Griech. Tragg. II S. 437—440.

148. [S. 51.] Vgl. Sophokles' Aeusserung über sich und Euripides (Aristot. Poet. 25): Σοφοκλῆς ἔφη αὐτὸς μὲν οἴους δεῖ ποιεῖν, Εὐριπίδην δὲ οἴοι εἰσί. — Diese Auffassung schliesst natürlich nicht die Schöpfung solcher Gestalten wie Kreon (in Antig. und Oed. auf Kol.) aus, deren Haltung dazu dient, den Adel ihrer Gegner zu steigern oder in einem helleren Lichte erscheinen zu lassen.

149. [S. 51.] Vgl. namentlich Aesch. Sieben 1026—1053. Vgl. namentlich V. 1049: παθὼν κακῶς κακοῖσιν ἀντημείβετο (als Antwort auf 1048), — ein Argument, das bei dem sanfteren Sophokles fehlt, um bei Euripides (Phoen. 1655: τί πλημμελήσας, τὸ μέρος εἰ μετῆλθε γῆς:) wieder aufzutauchen.

150. [S. 52.] Vgl. Overbeck Gesch. der gr. Plast. I S. 338. [374—376.]

151. [S. 52.] So z. D. V. 6 ff.; 695 ff.; 862 ff. Dann z. D. Herc. Fur. 573: Δίρκης τε νᾶμα λευκὸν αἱμαχθήσεται.

152. [S. 52.] Vgl. auch ποικιλόνωτος Herc. Fur. 375. ποικιλόθριξ Alk. 584 und Aehnliches.

153. [S. 52.] V. 215 f.

154. [S. 52.] V. 221; vgl. 95 f.: τὰς Κασταλίας ἀργυροειδεῖς | βαίνετε δίνας.

155. [S. 52.] Was speciell die bedeutenderen Vasenmaler anbelangt, so erkennt man die Erweiterung ihres Ideenkreises hauptsächlich daran, dass das blosse Illustriren der Mythologie, insbesondere des Epos, welches sie früher als ihre Hauptaufgabe betrachteten, der Darstellung innerer Gefühle, sowie dem Streben nach dramatischem Effect gewichen ist. Vgl. auch Anm. 174.

156. [S. 52.] Vgl. Kinkel die Gypsabgüsse im Gebäude des Polytechnikums in Zürich (Zür. 1871) S. 71—73.

157. [S. 52.] Die ersten Beobachtungen knüpfen an Timanthes und Timomachos an; vgl. jetzt namentlich Jahn Telephos und

Troilos S. 10 ff.; Beschr. der Vasensamml. König Ludwig: S. 225. Stark im Philologus XIV. S. 681.

158. [S. 53.] Brunn Gesch. der gr. Künstler: Hartung Euripides Restitutus (2 Bde. Hamb. 1843/4); Jahn Telephos und Troilos (Kiel 1841), Archäologische Beiträge (Berlin 1847), Vasensammlung König Ludwigs (Münch. 1854); Overbeck Gallerie heroischer Bildwerke I. (Braunschw. 1853); Schlie Die Darstellungen des troischen Sagenkreises auf etruskischen Aschenkisten (Stuttg. 1868); Welcker Die griech. Tragödien II. (Bonn 1839), Alte Denkmäler erklärt (Gött. 1849 ff.) — Ich fühle mich hier verpflichtet, den Herren Vorständen der zürcherischen Bibliotheken, Dr. Horner und Prof. Dr. Fritzsche, für die Liberalität zu danken, mit der sie mir die ausgedehnteste Benutzung der litterarischen Hilfsmittel gestattet haben.

159. [S. 53.] Bei der grossen Zerstreutheit der Litteratur hat mir einiges gefehlt, was ich gern eingesehen hätte.

160. [S. 53.] Etr. Aschenk. S. 1—23.

161. [S. 54.] Besonders wichtig ist die Darstellung einer Reihe von Scenen aus Euripides' Alkestis bei Zoega Bass. antichi I. 48 = Millin Gal. Myth. 108, 428. (Arch. Ztg. 1863. Tf. 179 f.: Parodie Tf. 180, 2.)

162. [S. 54.] Nouvelles annales publiées par la section française de l'Institut arch. à Paris T. I S. 149—160. pl. C. (war mir hier nicht zugänglich); Griech. Tragg. II S. 711 ff. Ueber ein Bruchstück s. Müller-Welcker Hdb. der Arch. §. 412 A. 1 z. Anf.

163. [S. 54.] Monum. Inéd. Pl. 39, 40. (S. 205—212); Overbeck Heroengall. I S. 745 ff.

164. [S. 54.] Plin. 35, 132 mit Brunn Gesch. der gr. Künstler II S. 199 f., der auf Niklas das Gemälde des Philostr. I, 29 zurückführen will.

165. [S. 54.] III. cap. 6 f.

166. [S. 54.] Brunn II S. 288.

167. [S. 55.] Müller-Welcker Hdb. der Arch. §. 414. A. 3.

168. [S. 55.] De Perseo et Andromeda. Diss. (Berol. 1860.) S. 47 ff.

169. [S. 55.] Ein Resultat, zu dem ich unabhängig von Fedde S. 60 gekommen bin:

170. [S. 55.] Griech. Tragg. II S. 811 ff.

171. [S. 55.] Eurip. Rest. II S. 415 ff. Einl. zu den Phönissen (Lpz. 1849) S. XII f.

172. [S. 56.] Pentheus und die Mainaden S. 6.

173. [S. 56.] Z. B. der Schluss der Sieben.

174. [S. 57.] Vgl. Anm. 155 mit S. 12 und Anm. 3. Jahn Vasensammlung S. 226 Anm. 1413: „Nur darf man freilich nirgend ein eigentliches Illustriren, ein genaues Nachbilden einer Scene, wie sie auf der Bühne sichtbar war, erwarten. Um eine in sich geschlossene Darstellung zu geben musste der Künstler, indem er sich an den Hauptmoment hielt, theils aus dem was vorhergegangen war oder nachfolgte manches hineinbringen, theils sichtbar werden lassen, was dort gesprochen wurde."

175. [S. 57.] Vgl. Bacch. 72 ff.: ὦ μάκαρ, ὅστις εὐδαίμων | τελετὰς θεῶν εἰδὼς | βιοτὰν ἁγιστεύει | καὶ θιασεύεται ψυχάν, und die beredte Darlegung des im Texte erwähnten Gegensatzes bei Hartung Einl. zur Medea (Lpz. 1848) S. VII. — Das Bild auf dem neapler Cameo (Tassie-Raspe n. 4667 Tf. 30 und sonst) halte ich für die Darstellung einer Parodie auf die Bacchen, deren etwas hochtrabender Stil, verbunden mit der grossen Popularität des Stücks, zu Travestieen herausforderte. — [Pentheus und die Mänaden auch auf einer ehemal. Campanaschen Vase, Arch. Ztg. 1859 S. 109*.]

176. [S. 57.] Eine Zusammenstellung der hieher gehörenden Darstellungen jetzt bei Overbeck Griech. Kunstmyth. I S. 406 ff.

177. [S. 57.] S. Gerhard Danae (Berl. 1854) S. 4.

178. [S. 58.] Annali dell' Inst. 1856. Tf. 8 mit Erklärung von Welcker. S. 37.

179. [S. 58.] Arch. Ztg. 1847. Tf. 5 und 6.

180. [S. 59.] Clarac Musée de Sculpt. Pl. 215 n. 228. (vgl. n. 229.)

181. [S. 59.] Ant. Bildw. Tf. 26. (Erklärung, S. 271.)

182. [S. 59.] Weitere Sarkophagreliefs Zoega Bass. antichi I Tf. 49, 50. Campanascher Sarkophag, Mon. Ined. VI, 1—3. Sarkophag in Pisa, Camposanto No. XXI, s. G. Nistri Nuova Guida di Pisa (Pisa 1852) S. 138.

183. [S. 59.] Zahn II, 61.

184. [S. 59.] Mus. Borb. VIII, 52.

185. [S. 59.] Aehnliche Darstellungen auf Wandgemälden s. bei Schmidt Arch. Ztg. 1847. S. 67.

186. [S. 59.] Plin. 35, 114.

187. [S. 59.] Micali Antichi monumenti (Fir. 1810) Tf. 32. 38.

188. [S. 59.] Arch. Ztg. 1847. S. 65 ff. — Die angeführten Worte auf S. 66.

189. [S. 60.] A. a. o. S. 66: „Die Amme ist nicht mehr die wohl-
meinende Verrätherin des anvertrauten Geheimnisses, sondern
die Botin der liebenden Phädra: denn sie übergibt dem Jüng-
linge ein offenbar von ihrer Herrin gesandtes Täfelchen."

190. [S. 60.] Zoega Bassir. antichi Tf. 50.

191. [S. 60.] Arch. Ztg. 1863. S. 26 f.

192. [S. 61.] So zählt jede der beiden Hauptreden (1182—1182 und
1167—1287) 51 Verse. Auf diesen Parallelismus machte Hirzel
aufmerksam De Euripidis in componendis diverbiis arte (Diss.
1862) S. 30 f.

192a. [S. 61.] S. das Verzeichnis der Abbildungen bei Overbeck
Heroengall. I. S. 670.

193. [S. 61.] Worte Overbecks a. a. O. S. 671.

194. [S. 62.] Grosse ruvoser Amphora mit Maskenhenkeln. abg.
Monum. inéd. de la section franç. de l'Inst. arch. I tab. V =
Gerhard Archemoros und die Hesperiden Taf. 1 = Overbeck
Heroengall. I Tf. IV, 3. (Mehrfach gründlich besprochen, s. die
Litteratur bei Overb. a. a. O. S. 114 Note 27).

195. [S. 63.] Iphig. in Aulis (Lpz. 1852) S. 273. „Aber der Inter-
polator hat dies sogleich wiederum vergessen: denn Iphigenia
tritt zu ihrem unverhüllten Vater und spricht: „Da bin ich
Vater u. s. w." Hartung. Ferner ist es ungeschickt, dass
Agamemnon das Haupt verhüllt, ehe Iphigenia an der Opfer-
stätte angelangt ist (ὡς — στείχουσαν εἰς ἄλσος [!] κόρην
V. 1547 f.). — Timanthes traf auch hier das Richtige; dieses
oder einen ähnlichen Botenbericht hätte er gewiss nicht als
Vorlage benutzt. — Uebrigens ergibt eine genaue Betrachtung
des Folgenden eine noch grössere Abhängigkeit von euripideischen Redensarten und Halbversen als selbst Hartung nachgewiesen hat. — Die neueste Schrift aber dieses Problem der
höheren Kritik ist die fleissige Arbeit von Hennig: De Iphi-
geniae Aulid. forma ac condicione (Berl. 1870), dem wir uns
in einzelnen Punkten angeschlossen haben, ohne ihm jedoch
überall folgen zu können. (Vgl. die Recension im Litt. Central-
blatt 1871. Sp. 883—885.)

196. [S. 63.] Vgl Brunn II S. 121. 123 f. (der mit Recht auf
Aeschylos hinweist); Overbeck Heroengall. I S. 814 ff.

197. [S. 63.] S. die Litteratur bei Heydemann, Arch. Ztg. 1869.
S. 7 ff.; vgl. Schlie ebendas. S. 90 f.

198. [S. 63.] Abgeb. Mus. Borb. IV, 3 = Müller D. A. K. I Tf.
44. no. 206. (auch sonst häufig abgeb.)

199. [S. 63.] R. Rochette Mon. Inéd. pl. 29 B.

200. [S. 64.] Heroengall. I S. 725 ff. — Dazu noch einige seit 1852
bekannt gewordene Denkmäler, z. B. das ehem. Campanasche
Vasenbild, „grosse apulische Amphora, rothe Figg., in einem
innern Tempelraum sind Iph. und in Reisetracht Or. bei dem
Idol der Artemis dargestellt." Arch. Ztg. 1859. S. 146*.

201. [S. 64.] Aristot. Poet. c. 16.

202. [S. 64.] Overbeck a. a. O. S. 726.

202a. [S. 64.] Abgeb. Monum. Ined. IV, 51 = Arch. Ztg. 1849.
Tf. 12 = Overbeck Heroengall. I Tf. XXX no. 7. (In der
Zeichnung sind die Gesichter leider anglisirt.)

203. [S. 64.] Abgeb. Mus. Borb. IX, 33 = Overb. Tf. XXX no. 12.

204. [S. 64.] Plin. 35, 136: Timomachi aeque laudantur Orestes.
Iphigenia in Tauris. — Das Hauptmotiv dieses Bildes, der
Kampf der verschiedenen Gefühle, der Pflicht und des Mitleids,
in Iphigenia's Seele (Urlichs), war wohl dem Polyeidos abgelauscht, der, wie wir gesehen haben, es beinahe zum Aeussersten
kommen liess, ehe er Orestes den rettenden Ausruf entlockte.

205. [S. 65.] So z. B. das münchener Sarkophagrelief (Overb. Tf.
XXX no. 1), wo Orestes den Thoas niederhaut; ferner das eine
grimani'sche Sarkophagrelief (Millin Orestéide pl. 3).

206. [S. 65.] Vgl. das zweite grimani'sche Sarkophagrelief (Overb.
Tf. XXX, 2, wo hinter Iphigenia ein ihr zuflüsternder bärtiger
Skythe erscheint).

207. [S. 65.] Lukian de domo 31. Lucilius Aetna v. 594, bei Brunn
II S. 278.

208. [S. 65.] Mus. Borb. V, 33 = Müller D. A. K. I Tf. 73 n. 419.

208a. [S. 65.] Mus. Borb. X, 21.

209. [S. 65.] S. Müller-Welcker Hdb. der Arch. §. 208 A. 2 und
§. 412 A. 5 mit den dort angeführten Gemmen in den Annali
(1829. Fasc. 3. tav. d'agg. D. u. 2. 3.) wo die Haltung des
Schwertes derjenigen auf dem Wandgemälde Mus. Borb. X, 21
entspricht; Brunn a. a. O.

210. [S. 65.] Plin. 35, 137. Brunn a. a. O. S. 154.

211. [S. 65.] Millin Voyage au midi de la France tab. 68, 2 = Millin
Gal. Myth. 102, 427.

212. [S. 66.] ναί, πρὸς θεῶν, ἀρήξατ᾽· ἐν δέοντι γάρ. | ὡς ἐγγὺς ἤδη
γ᾽ ἐσμὲν ἀργύρων τίρους.

213. [S. 66.] Eine solche Statue beschreibt auch Kallistr. Stat. 13; vgl. namentlich die Worte: ὥσπερ ἄντικρυς τοῦ τεχνησαμένου τὴν ὁρμὴν εἰς τὴς Εὐριπίδου δραματοποιίας κλήσαντος τὴν μίμησιν.

214. [S. 66.] Müller-Welcker Hdb. der Arch. §. 412 A. 5. Pyl de Medeae fabula partic. II. (Diss. Berl. 1860.) p. 67—84.

215. [S. 66.] 1) Beger Spicileg. antiquitatis (Col. 1692) p. 125—130 (verbindet damit weitere Scenen, Stierbändigung, Drachen-tödtung und Verlobung). — 2) St. Bartoli Admiranda 55 = Montfaucon I, 40 = Bouillon III Basreliefs Pl. 18, 3 = Clarac Tab. 204, 211. — 3) Carli sopra un ant. bassor. rappr. la Medea d'Eurip. (1785) = Millin Gal. Myth. 108, 426. — 4) Winckelm. Mon. Ined. II, 90. 91. — Dazu käme als fünftes Exemplar das Relieffragment des Museo Pio-Clementino (Visconti VII, 16 — ist mir hier nicht zugänglich), das nach Pyl (S. 76) mit dem von Gori (Inscr. Etr. III, 1 tab. 13) publicirten Relief ursprünglich zu einer Composition gehört.

216. [S. 66.] Die Verlobung unter den Auspicien der Juno Pronuba.

217. [S. 66.] Wie ich nachträglich sehe, ist dies auch die Meinung von J. B. de Saint-Victor (Erkl. zu Bouillon a. a. O. S. 22) und Dilthey (Vortrag in der Adunanz des arch. Instituts vom 24. Jan. 1868, s. Annali und Bullett. 1868. Arch. Ztg. 1866. S. 66.)

218. [S. 67.] Weitere Sarkophagreliefs dieser Art sind besprochen von Dilthey a. a. O.

219. [S. 67.] Millin Tombeaux de Canosa Tf. 7 = Arch. Ztg. 1847. Tf. 3 mit Erkl. von Jahn S. 33—42.

220. [S. 67.] Die Inschrift Κρεοντεια über Kreusa, die nach Analogie der übrigen auf diese geben sollte, lässt gewiss nicht die abenteuerliche Erklärung zu, welche Pyl a. a. O. S. 84 aufgestellt hat.

221. [S. 68.] Jahn a. a. O. S. 37 mit Note 35).

221a. [S. 68.] Eine zusammenfassende Darstellung auch auf der Vase bei Santangelo, R. Rochette Mon. Inéd. S. 63 (Pädagog mit den Kindern davoneilend, und Kreusa im Beisein ihrer Eltern auf dem Sessel gesunken). — Tödtung der Kinder auf einem andern Vasenbilde (Jahn a. a. O. S. 38 z Anf.). — Von Einzelscenen noch Medeas Abfahrt auf dem Drachenwagen, mittelmässiges Vasenbild bei R. Rochette a. a. O. Tf. 6, 1, sodann

die in der Rev. Arch. II S. 355 abgebildete und besprochene Terracotta. (Litterarisch bezeugte Gemälde mit der Tödtung der Kinder Lukian de domo 13; Liban. ecphr. p. 1090.)

222. [S. 68.] Mus. Etr. I Tav. 142. (Weitere Abbildungen angef. bei Overb. Heroengall. I S. 67.)

223. [S. 69.] Grisch. Tragg. II S. 625 ff.

224. [S. 69.] Eurip. Rest. I S. 61 ff.

225. [S. 69.] Hartung zur Medea (Lpz. 1848) V. 9. (S. 118 f.)

226. [S. 70.] Kochen des Widders auf schwarzfigurigen Vasen: 1) Britt. Mus. 540 (124. C. 74.), abg. Gerhard Auserles. griech. Vasenbilder III Tf. 157, 1. (Erkl. daselbst S. 29 f.); 2) ebendas. 466 (1521), s. Hawkins Catalogue of the Greek and Etruscan vases in the Brit. Mus. I S. 98 f. [gehört dem Uebergangsstil an, freiere Linienführung]; 3) eine Feoli'sche Vase, jetzt verschollen, vgl. De Witte Cab. étr. no. 124.

227. [S. 70.] Auf rothfigurigen Vasen: 1) Canino'sche Vase, abg. Gerhard a. a. O. Tf. 157, 3. 4; 2) München 343 (Jahn S. 107); 3) in Berlin, s. Gerh. Arch. Ztg. 1846. S. 370; 4) Canino'sche Hydria (Mus. étr. n. 1698; Medea und Iason kochen den Widder, mit Inschriften; vgl. Gerhard Auserles. Vasenbb. S. 30 Note 21.).

228. [S. 70.] Lateranensisches Relief, n. 92, zuerst abgeb. bei Böttiger Amalthea I Tf. IV, 1 (Erkl. daselbst S. 161 ff.); vgl. sodann namentlich Benndorf und Schöne, Lateran S. 61 ff. (wo auch die übrige Litteratur; S. 64 über eine Replik, das jetzt verschollene Strozzi'sche Relief; das Relief in Berlin ist modern). — Hamilton'sche Vase, abgeb. Tischbein Vases d'Hamilton I, 7 = Böttiger a. a. O. Tf. IV, 2.

229. [S. 70.] Mus. Greg. II, 82, 1 = Arch. Ztg. 1846. Tf. 40 (Gerhard daselbst S. 249 ff.) — Der Gegensatz zwischen der naivkindlichen, das dem Vater drohende Verderben ahnenden Alkestis und den nur auf das ihnen vorschwebende Ziel gerichteten Schwestern war so recht zur Ausführung in einer euripideischen Botenrede geeignet.

230. [S. 71.] Nach den Forschungen Welckers Griech. Tragg. II S. 777 ff., auf Grundlage des dort mitgetheilten Scholions des Gregor von Korinth.

231. [S. 71.] Auf einem Krater in Neapel, Tischbein Vases d'Hamilton III, 38. (Die Rückseite der Abschied des Bellerophon von Prötos.)

232. [S. 71.] Abgeb. Inghirami Vasi fitt. I, 3.
233. [S. 71.] Welcker zu Müller Hdb. der Arch. §. 414 A. 1. — Bell. legt die rechte Hand auf die mit Thränen sich füllenden Augen.
233a. [S. 71.] Griech. Tragg. II S. 477 ff.
234. [S. 71.] Beitrr. zur Kenntnis der trag. Poesie I (Berl. 1839) S. 134 ff.
235. [S. 71.] Telephos und Troilos S. 13 ff.
236. [S. 72.] Jahn a. a. O. S. 28.
237. [S. 72.] Jahn a. a. O. S. 29—32.
238. [S. 73.] Vgl. Schöne Einl. zu den Bacchen (Berl. 1858) S. 28.
239. [S. 73.] S. die Verzeichnisse derselben bei Overb. Heroengall. I S. 301 ff. Schlie Etr. Aschenk. S. 39 ff.
240. [S. 73.] S. Brunn I rilievi delle urne etrusche. Vol. I. Ciclo Troico. Roma 1870.
241. [S. 73.] Schlie Etr. Aschenk. S. 39 ff., dessen theils gegen Jahn gerichtete Ansichten ich hier wegen Raummangels nicht im Einzelnen prüfen und widerlegen kann.
242. [S. 73.] Abgeb. Tischbein Vases d'Hamilton II, 6 = Millin Gal. Myth. 163, 610. Erklärungen bei Jahn Telephos und Troil. S. 44 ff. Overbeck Heroengall. I S. 299 f.
243. [S. 74.] S. Overbeck Heroengall. I S. 298 f.
244. [S. 74.] Monum. Ined. II, 22 = Overbeck Tf. XIV, 4.
245. [S. 74.] Telephos und Troil. S. 26.
246. [S. 74.] Es gibt Vasen des Uebergangsstils, deren eine Seite r. Figg. auf schw. Grunde zeigt, während die Rückseite umgekehrt mit schw. Figg. auf r. Grunde versehen ist. — Wiederholungen der Würfelspieler und ähnliche Compositionen s. bei Overbeck Heroeng. I S. 310 ff. Arch. Ztg. 1859 S. 104* und 141* (aus der Campana'schen Vasensammlung).
247. [S. 75.] Jahn Telephos und Troilos S. 46 ff. Arch. Beitr. S. 233 ff. Arch. Aufs. S. 160—180.
248. [S. 75.] Mon. Inéd. Tab. LXVII. A, 1.
249. [S. 75.] Jahn Telephos u. Troil. S. 46, 54 f. — Ebendaselbst (S. 52, Anm. 55) wird auf ein Wandgemälde (Mus. Borb. I. 21) hingewiesen, auf dem rechts eine hohe, in komischer Aufregung befindliche Frau auf dem linken Arm ein kleines sorgsam eingewickeltes Kind trägt, während ihr links eine „als untergeordnet bezeichnete" Gestalt mit einer Vase entgegen-

kommt. Die Beziehung der ersten Figur auf Auge, im Sinne einer tragikomischen Parodie, halte ich für sehr wahrscheinlich. — Vgl. auch. Anm. 175.
250. [S. 75.] S. Fr. 267.
251. [S. 75.] Jahn a. a. O. S. 61, Anm. 70. Müller Hdb. der Arch. §. 410 A. 3.
252. [S. 75.] Einleitung zu den Phönissen, Berl. 1871.
253. [S. 76.] Die sorgfältige Uebersicht über die bisherigen Reconstructionsversuche bei Stoll in Pauly's Realencycl. I² S. 1110 f.
254. [S. 76.] Vgl. Petersen in dem Anm. 264 angeführten Aufsatz S. 199.
255. [S. 76.] Brunn bei Pauly I² S. 1110 Anm.
256. [S. 76.] Auch die bekannte Parodie der That der Antigone (Gerh. Ant. Bildw. 73 = Welcker Alte Denkmm. III Tf. 35, 1) geht in letzter Instanz auf Sophokles zurück.
257. [S. 76.] Zweikampf der feindlichen Brüder schon am Kypseloskasten, sodann von Pythagoras von Rhegion und Onasias (Anm. 259).
258. [S. 77.] Overbeck Heroengall. I S. 137.
259. [S. 77.] Pausan. IX. 4. 2 und 5. 11. vgl. Overbeck a. a. O.
260. [S. 77.] Overbeck a. a. O. S. 138 ff.
261. [S. 77.] Auf diese Vermuthung bin ich unabhängig von Overb. S. 134 gekommen. Auf den Denkmälern ersicht sich Menökeus an einem Altar, nicht wie bei Euripides, auf der Mauerzinne. — Ausserdem ist noch im Allgemeinen darauf hinzuweisen, dass Manches so abgegriffen war, dass die späteren Dichter froh waren, wenn sie mit kurzen Erwähnungen davon kamen. Man vgl. z. B. in der Darstellung der Schlacht (Phoen. 1193 ff.) die Unruhe des Dichters und sein Bestreben so schnell als möglich zum Schlusse zu kommen. Euripides ist ein abgesagter Feind der epischen Breite in der Tragödie; vgl. Phoen. 751 mit meiner Anm.
262. [S. 77.] Auch für diese Scene ist in der Kunst wenig oder nichts zu holen. Brunn bei Pauly I² S. 1110 Anm.
263. [S. 77.] Abgeb. R. Rochette Mon. Inéd. pl. 67. A, 2 = Overb. Heroengall. Tf. VI, 9.
264. [S. 77.] Arch. Ztg. 1861 S. 195 ff.
265. [S. 77.] Dass Iokaste kniend dargestellt ist, steht hiermit nicht im Widerspruch. Vgl. Petersen a. a. O. S. 197: „Frei-

lich sagt Euripides nicht, dass sie auf die Kniee gefallen ist,
aber nachdem sie dies gesagt, und gleich darauf noch an den
Fluch des Vaters erinnert hat, schweigt sie. in welchem
Schweigen sie aber auf der Bühne unmöglich ruhig stehen
bleiben kann."

266. [S. 78.] Overbeck Heroengall. S. 4 ff., wo auch die Denkmäler.
(Tf. I, 1. 2.)

267. [S. 78.] Antiphilos (S. 60), Apollonios und Tauriskos (S. 55 f.),
Aristides (S. 53), Aristolaos (S. 65), Euanthes (S. 54), Nikias
(S. 54), Parrhasios (? für Telephos, vgl. Jahn Tel. und Tro'l
S. 9 f.), Skopas (? S. 57), Timomachos (S. 64 f.; für Orestes
vgl. Müller Hdb. der Arch. §. 208, 2.)

Druckfehler und Berichtigungen.

S. 17 Z. 10 st. tiefen l. tieferen.
S. 23 Z. 6 st. Freiheit l. Feinheit.
— Z. 28 streiche Nike.
S. 28 Z. 11 st. 44) l. 34).
S. 32 Z. 24 st. lemnischen l. nemeischen.

Druck von Metzger & Wittig in Leipzig.